101匹目のジャズ猿

yambow平井の岡山ジャズ回想録

はじめに……ニューヨークでも東京でもなく

ジャズは昔の懐かしい音楽と考える人も少なくないかもしれない。しかしジャズはいつの時代でも姿を変え、常に進化している音楽なのであり、著者の平井さんはその事を誰よりも知っている人間なのだ。

彼が最も頻繁に岡山でライブ・コンサートをプロデュースしていた80年代や90年代も、それまでのジャズ、フリージャズ、フュージョンなどというジャンルから外れ、インプロヴィゼーションやロック、アフリカやアジアの民族音楽等との融合が盛んに行われていた時期だったのである。

それを情報の飛び交っていたニューヨークでも東京でもなく、岡山という土地を離れずに感じ取る鋭いアンテナの張り方、そして素早く次々とライブを企画する積極的な動きは、もう素晴らしいとしか言いようがない。

とても普段のあのノッソリとした姿からは想像のつかない、俊敏な耳と脳と実行力をお持ちなのだろう。

そんな平井さんが本を書く。私は自分のライブの打ち上げでの平井さんしか知らない。

決して饒舌ではない彼の口からは聞けなかった色々な事が、この本を通してきっと見えてくるのだろう。

私も読者の一人としてもの凄く楽しみである。

梅津和時

【プロフィル】

梅津和時（音楽家／サックス、クラリネット奏者）

日本フリージャズの草分けとして70年代からプロ活動を開始する。過去の主なリーダーバンドに生活向上委員会大管弦楽団、ドクトル梅津バンド(D.U.B.)、DIVA、シャクシャイン、ベツニ・ナンモ・クレズマーなど。80年代初期からRCサクセション、DANGER、またNice Middle with New Blue day Horns で２００９年まで清志郎と活動を共にする。現在はKIKI BAND、こまっちゃクレズマ等を率いながら、並行して様々なアーティストのサポート、さらに異ジャンルとのコラボなど、年間２００本近い驚異的なライブ本数をこなしながら国内外で活躍中。昨２０１６年はＮＨＫＢＳドラマ「嫌な女」の音楽を手掛け話題となる。またKIKI BANDでも初の中東（イスラエル、エジプト）公演を大成功裡に終了するなど、意欲的なプロジェクトが続いている。最新盤は、オーネット・コールマンのプライムタイムに在籍したドラマー、カルビン・ウェストンとの即興DUO『Face Out』（ZOT-101）２０１６年12月発売。

もくじ●１０１匹目のジャズ猿　yambow平井の岡山ジャズ回想録

もくじ

IV　岡山フリー・インプロヴィゼイション・クラブ

カバーデザイン／菅野恵美

I

ジャズ喫茶「シャイン」

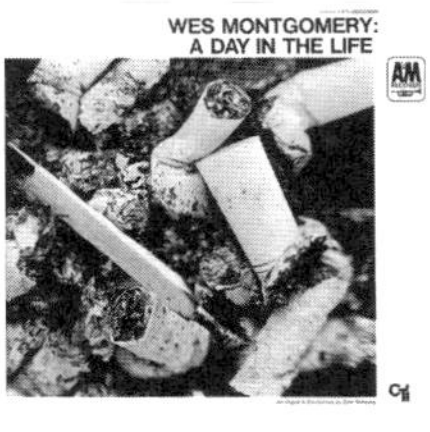
WES MONTGOMERY:
A DAY IN THE LIFE

HIGH FIDELITY
BLUES ette

BILL EVANS
At The Montreux
Jazz Festival

私とジャズの出会い

岡山の本格派ジャズ喫茶「シャイン」、私が高校2年の時めっぽう音楽に詳しい同級生F君が連れて行ってくれた。1971年の1月1日にオープンしたばかりの店だ。公立の普通科だったので2年の後半からは部活動も無くなる。F君とは放課後、実存主義や観念論、唯物論、宗教、自然科学……云々と、取り留めのない話を延々と話し合っていた。高校生だから、そんなに難しい話はしていなかったと思うが、お互いの自我を確認する作業だったのかもしれない。彼は文系で私は理系だった。それまでは、私は部活の柔道に明け暮れていたので、新しい音楽とか文化には疎かった。

ジャズ喫茶、そこには私の知らない音楽と文化が山積み

シャインの店先

にされていた。店にある数千枚のレコードのジャケットがすべて写真に撮られ、20冊くらいのアルバムに整理されていた。伝票の下についていたリクエストカードで、どれでもリクエストして試聴できる（但し、A面かB面の片面だけだったが）。LPレコードなど、年に2、3枚しか買えない高校生にとっては宝の山に思えた。シャインは角地に在ったため、店は直角三角形の形をしていた。カウンター席から離れた出口に近い窓際の席に座っては、毎回訳も分からずジャケットだけでリクエストしていたものだ。店のマッチは、床に置いた籠の中に無造作に山と積まれていたので、2、3個ポケットに入れて帰った。定期的にデザインが変わっていくのも楽しみだった。

「モントルー・ジャズ・フェスティバルのビル・エヴァンス」、湖畔に浮かぶヨーロッパのお城のジャケットをリクエストした。刺激のないジャズだなぁと思ったが、当時、私の家にはクラシックのレコードがいくらかあって、その中のドビュッシーの曲に似てるので何となく好きになった。

ウェス・モンゴメリーの「ア・デイ・イン・ザ・ライフ」、タバコの吸い殻のジャケットだ。流行の軽音楽っぽいジャズだなぁと思って聴いた。しかし、ギターのサウンドがバックのスト

シャインのマッチ

リングスと共に、店一杯に爽やかに拡がっていったのを覚えている。当時のシャインのスピーカーはパラゴンではなく、JBLのランサーだった。いい音だなぁと聴き入ったものだ。オーディオというものの素晴らしさに感心したレコードでもあった。これがビートルズの曲だというのは後々知ったことでもある。パラゴンのスピーカーになったのは、それから3年後くらいだった。エキゾチックなジャケットのカーティス・フラーの「ブルースエット」、これはお気に入りのジャズ・レコードだった。

私が、高校生の時に最初に買ったジャズのレコードは、この「ブルースエット」とウィントン・ケリーの「ケリーブルー」、そしてラルフ・タウナーの「ダイアリー」の3枚だった。惜しくも、ビル・エヴァンスとウェス・モンゴメリーの「ア・デイ・イン・ザ・ライフ」は、岡山のレコード屋さんを探しても手に入れることが出来なかった。当時、高校生だった私は、欲しいレコードを手に入れる術を知らなかったのだ。ただ、お店の人に注文すれば良いということを……。ラルフ・タウナーの「ダイアリー」を知ったのは、「イリミテ」という県立図書館（今の天神山文化プラザ）の前にあった小さなジャズ喫茶だった。青い水平線を描いたシンプルなジャケット。透き通るようなギターとピアノのジャズだった。しかも、多重録音によってラルフ・タウナーが独りで即興演奏をして作り上げたものだということを知った時、高校生の私の中で音楽観が大きく変わった。これがヨーロッパ・コンテンポラリー・ミュージック、ECMというレコード会社との出合いでもあった。

というわけで、私の中には、ジャズの3種類の方向が出来ていた。ビ・バップ、ポップサウンド、ヨーロッパ・ジャズ。どれも、ジャズが持つ即興性ということに魅せられて、これから後、私はジャズにのめり込んでいくことになったのだ。

興味はレコードからライブへ

高校3年になると授業も早く終わるものだから、独りでシャインやイリミテなどのジャズ喫茶に行くことが多くなった。当時、キース・ジャレットの「ケルン・コンサート」をはじめ、ダラー・ブランドの「アフリカン・ピアノ」、チック・コリアの「ピアノ・インプロヴィゼーション」、レイ・ブライアントの「アローン・アット・モントルー」、セシル・テイラーの「インデント」等々、ソロ・ピアノ・ジャズがちょっとしたブームだった。しかし、アート・テイタムのソロ・ピアノのリクエストは皆無だった。悲しいかな、その頃の私やジャズ喫茶のジャズファンは、アート・テイタムのソロ・ピアノの凄さには、さほど気づいてはいなかったようだ。キース・ジャレットは、3枚組の「ソロ・コンサート」の方がジャズ雑誌「スイングジャーナル」では高く評価されていたようだが、ジャズ喫茶の人気盤は「ケルン・コンサート」だった。しかし、あまりのリクエストの多さに、シャインのスタッフからは疎ましがられていた。

リクエストが多かったといえば、チック・コリアの「リターン・トゥ・フォーエバー」もしかり。実はこのジャズアルバムは、どちらもECM（EUROPE CONTEMPORARY MUSIC）という同じジャズ・レーベルのレコードだった。多分この状況はシャインだけでなく、全国のジャズ喫茶でも同じようなことが起きていた筈だ。というよりも世界のジャズファン、音楽ファンがこのヨーロッパの一音楽レーベル、マンフレッド・アイヒャーの主催するECMレーベルの音楽を、良きにしろ悪しきにしろ受け入れたのだ。ジャズ発祥の地のアメリカでなくヨーロッパから新しいジャズの胎動が始まっていた。チック・コリアの「ピアノ・インプロヴィゼーション」もECMのレコードで、ダラー・ブランドの「アフリカン・ピアノ」もECMではなかったもののJAPOというECMの姉妹レーベルだった。アメリカの権威あるジャズ誌「ダウン・ビート」は、ECMのマンフレッド・アイヒャーを最優秀プロデューサーとして選んでいた。当時の私もこの潮流に、〈百匹目の猿〉として参加していたのだろう。

確か私が高校3年の受験シーズン、シャインにダラー・ブランドが来て、ソロ・ピアノのコンサートをした。運悪く受験日と重なったので、行くことが出来なかった。すごく悔しかった。毎回シャインに行くたびにコンサートの告知ポスターを恨めしく眺めていたものだ。当時は、外タレのジャズ・ミュージシャンがお店に来てライブ演奏をするなど、岡山では前代未聞のことだった。このライブに合わせてシャインでは、アップライトのピアノを新調したようだ。当日は、マスターが駅まで出迎えに行った。店で待っていたスタッフは、本当にダラー・ブランドが岡山に来るのだろうかと心配で、1人が駅に偵察に行ったそうだ。プラットホームに降り立ったダラー・ブランドを確認して、店にいち早く帰ってみんなに報告したという逸話をシャインの初代スタッフの方から聞いたことがある。ダラー・ブランドはこの来日に合わせて、日本でも「African Breeze」というアルバムをイースト・ウィンド（East Wind Records）でレコーディングしている。

鈴木勲のライブからシャインのバイト

大学1年の時、鈴木勲のライブコンサートがシャインであった。当時TBM（スリー・ブラインド・マイス／Three Blind Mice）レーベルから「ブロー・アップ」「ブルー・シティー」と鈴木勲のリーダーアルバムが出ていて、シャインでは人気盤だった。その哀愁をおびた鈴木勲のチェロ・ベースとブルージーなサウンドが、ニューヨークの朝焼けのようなバックでたたずむ鈴木勲のジャケットの雰囲気とマッチして、カッコ良く新鮮に聴こえたものだ。また、オーディオファンには、低音の効いたベースのサウンドに人気があった。ロン・カーターのアルバムが人気を博したのも、そういった流れに一因があったのだろう。

当日は満席で、私はたまたまカウンターの端の席に座った。するとその席は、当時デビューしたての新進気鋭のギタリスト、渡辺香津美のスタンディング・ポジションの目の前だった。そんなこともあってか、コンサートの間中、私はお目当ての鈴木勲より渡辺香津美のギターに聴き入ってしまった。上手いか下手かはよく判らなかったが、あのTBMの渡辺香津美の「MONDAY BLUES」のジャケットから抜け出てきたような風貌の彼の演奏に、何故か釘付けになっていた。ドラムスは小原哲次郎、そしてピアノには菅野邦彦というレコーディングのメンバーだったと思うが、このライブが私の初めてのジャズ・ライブ体験だった。間近で聴いたジャズの生演奏に、いささかながら興奮してしまった。その興奮が、その後の私のジャズ人生の妙薬になってしまったのだ。

TBMは、１９７０年６月に出来た日本のジャズ・マイナー・レーベルで山本剛、峰厚介、中本マリ、水橋孝、宮間利之、今田勝、等々当時の日本のジャズを様々な面で作っていったレーベルでもある。私はTBMでは、山本剛の「ミスティ」が好きだった。このことが、後の東谷孝志さん、出井達海さんとのジャズ・フォーラム岡山の活動に繋がっていくことになる。

その頃は、同じ学部の上田というフォーク好きの友達とよく授業をさぼっては大学前の「ペパーランド」でお茶をしていた。当時のペパーランドは、学生街の喫茶店という感じの店で、1、2時間と何をするでもなく、ただだべっていた。「ガロ」や「GORO」の雑誌がおいてあって居心地も良かったのだ。すると、ペパーランドでアルバイトをしていた高校の頃の同級生の宇津木真帆さんが、シャインでもアルバイトをしていた。彼女はストレートに大学に入学して、私は一浪したので、真帆さんの方が学年は一つ上で大学生活も一つ先輩だった。彼女が「平井君、ジャズが好きだったらシャインのマスターに紹介しようか」ということで、マスターの乗金健郎さんを紹介してもらい、いつしか私はシャインでアルバイトをすることになったのだ。


〈以下「ブルーレコード」(米田一さんが編集していた岡山のフリーペーパー)に掲載した「シャインの日々」からの抜粋〉

ヌーボーとした厳つい体で自転車を漕いでいる「シャイン」のマスターは、高校3年の頃の私には、遠目で見るだけの近寄りがたい存在だった。その乗金健郎さんと、いまや腹違いの兄弟にまで間違われるよ

シャインのマスター乗金健郎氏

うになろうとは、当時の私には想像すら出来なかった。どうしてジャズにのめり込んだのか、よく昔の知人たちから聞かれるが、きっかけはやはり「シャイン」というジャズ喫茶があったからだ。

大学の2年の頃から友達の紹介で「シャイン」のアルバイトに入れた。昼の部と夜の部とアルバイトが入れ替わるのだが、時には昼と夜の通しで一日中ジャズに埋もれた日もあった。外回りの仕事から中の仕事をさせてもらうまで、一年くらいかかったろうか。仕事の後、夜の11時くらいから、マスター直々にコーヒーの淹れ方を教わることになった。私は友達と居酒屋で一杯ひっかけていったものだから、アルコールを嗜まないマスターの目がメガネの奥でギロリと動いて、結局その日は伝授してもらえなかった。後日改めてのことと相成った。ネルのドリップで十人分くらい淹れるコーヒーは上手く出来ると嬉しい。しかし、ちょっと酸味の掛かったコーヒーの味は、なかなかみんなから美味しいと言ってもらえなかったが、結構自分ではその味に満足していた。（02・5・28　Yambow平井）

岡山市民会館で「ジャズ・オブ・ジャパン」を手伝う

1976年、岡山市民会館で「ジャズ・オブ・ジャパン」と銘打ってシャイン主催でジャズの一大イベントを開催した。渡辺貞夫グループ、本田竹広のネイティヴサン、マル・ウォルドロンと豪華なラインナップだ。

市内へのポスター貼りを、夜中みんなで手分けして行った。許可のないポスター貼りの行為は違法なので、見つからないようにさっさと貼っては次に行くことがコツ。私も2、3回参加したが、一度お巡りさんに見つかってしまい貼ったポスターを剥がすように警告された。とりあえず見える範囲のポスターを3、4枚、剥がしたことがある。このことは結構みんなから顰《ひん》蹙《しゅく》ものだった。

当時はジャズのコンサートが市民会館などの大きなホールで開催されることがほとんどなかった。山陽新聞にも取り上げられ、当日はたくさんの入場者で賑わった。私はスタッフとして裏方の仕事を色々と手伝っていたので、コンサート自体は半分くらいしか聴けなかった。結果は大入り満員で、マスターも太っ腹になったのか、打ち上げを「一龍」という高級焼肉店の2階を借り切って行った。渡辺貞夫や本田竹広、マル・ウォルドロンといった一流のジャズメンと一緒に食事ができるということが、当時の私には夢のようだった。ナベサダが上座に座ったら、本田竹広は仲間と下座に陣取って大いに食べて飲んで騒いでいた。パワフルで豪快な人だった。実はその頃の本田竹広は、渡辺貞夫の妹、チコ本田と離婚したばかりで、2人の関係はあまり良くなかったそうだ。まっ、この業界ではよくある話だが……。

その後は、みんなでシャインに流れた。ワイワイと賑やかに興奮の醒めやらぬ二次会が始まった。バック・グラウンド・ミュージックにスタッフが渡辺貞夫とか本田竹広などの日本のジャズをかけていた。ひとしきり呑みが収まると、ほろ酔いのナベサダが当時私の彼女の畑育子さんを誘って、チークダンスを踊りだした。シャインのバイト仲間が「平井、ナベサダに彼女、盗られてしまうぞ」と、心配して側に寄ってきて耳元で囁いた。「ソオかなぁ」と、酔っぱらいの私。

終わることを知らないような宴も、夜中の1時を回って話し声もまばらになっていき、お開きとなった。私も彼女と一緒に自転車で帰った。「私、ナベサダさんじゃないけど、他のメンバーに誘われちゃった」と、彼女は思わせぶりなことを言った。「ミュージシャンはスケベが多いと聞いてはいたけど、そうなんだ」と、私はその夜ジャズマンの実態を間近に見た気がした。私は彼女をアパートまで送って別れた。翌日、マル・ウォルドロンを駅まで送らないかと誘われていたが、私は授業があったので行けなかった。彼女はマスターと駅まで見送りに行ったようだった。

コンサートを手伝うなどは初めての経験で、打ち上げの楽しさも含めてこの夜の出来事が、ゆくゆくは私自身で様々なコンサートを手がけるきっかけになったのかもしれない。そして畑育子さんとは、3年後に私がLPコーナーに就職してから結婚した。

山下洋輔トリオのライブとシャイン時代の思い出

岡山大学の学生会館ホールで山下洋輔トリオのコンサートがあった。山下洋輔、森山威男、坂田明で、私は最前列のかぶりつきの席で聴いた。まだフリージャズに対する知識は何もなかった私は、その圧倒的なパワーにノックダウンされてしまった。主催したのは荻野さんという岡大探検部の人だ。そして、彼はシャインでアルバイトもしていた。もう1人、小林さんというジャズドラムをやっている同じ探検部のアルバイトがいた。後日、シャインで山下洋輔の「古事記」をかけると、客がすっと引いてゆく。普通のジャズファンには、フリージャズは少しうるさいのだと、その時思った。

ハービー・ハンコックのVSOPのファーストアルバムが出た頃、小林さんが輸入盤を手に入れて、いち早くシャインでかけていた。荻野さんや小林さんに、マイルス・デイヴィスやチック・コリア、ジョン・コルトレーン、ウェザー・リポート、スタッフなど当時の話題のジャズアルバムを色々と聴かせてもらったり、ジャズ談議をしたものだ。ミロスラフ・ヴィトウスの「限りなき探求」というアルバムにある「フリーダム・ジャズダンス」がカッコ良くて、シャインの仲間内ではよくかけていた。乗金マスターもよくカウンターの中で座り込んでタバコを燻らしながら、聴き入っていた。気に入っていたのだ。

神戸の「馬酔木」というジャズ喫茶でジョージ大塚のグループ「マラカイ・コーンポーン」のライブがあるということで、バイトのみんなで車を飛ばして観に行ったことがある。メンバーにはヴィトウス、山口真文と凄い顔ぶれが揃っていた。ミロスラフ・ヴィトウスのベースの超絶テクニックを目の当たりにして、みんな体が固まってしまった。山口さんのウェイン・ショーターを彷彿させるモード奏法も、シャープで新鮮な演奏だった。当時のジャズシーンの先端のサウンドだ。ジョージ大塚さんは、その頃ジョン・スコフィールドやヴィトウス、リッチー・バイラーク、スティーブ・グロスマン、ナナ・ヴァスコンセロスなど世界的ミュージシャンと斬新なサウンドに挑戦していた。帰りの車の中は、醒めやらない興奮で大騒ぎだった。

大学2年の夏休みは、昼の部と夜の部通しでバイトに入った。一日中ジャズに埋もれていた。昼は、堀出由紀江さんという少し年上の女性がカウンターの中に入っていた。日本のジャズをよくかけていた。外回りの私がジャズに聴き入って、客が入ってきたのに気付かずにいると、よくカウンターの中から棒で突かれたものだ。さっぱりとした性格で何でもずけずけと言うので、マスターとは何かとそりが合わなかったようだ。夜はもちろん、マスターがカウンターの中から私を棒で小突いた。

シャインは基本的に「お喋りNG」で、よく2、3人連れだった客がしゃべり出すと「スピーク・ロウ」の札（昔はウォルター・ビショップJR.の「SPEAK LOW」のジャケットだった）を持って行った。しかし、知り合いの客（宇津木さんや武田さん、三宅さん）が来て、私もついつい会話が弾むと、怒ったように客が帰って行ったことが何度かあった。ジロッと、カウンターの中から冷たい非難の視線が飛んできた。反省反省。ほぼ夏休みの間、ずっと一日中

ウォルター・ビショップJR.「SPEAK LOW」

ジャズを聴いている状態だった。精神的にジャズにゲップが出るほど聴いた。それでも夢の中ではジャズの音がずっと鳴っていた。

その頃、マスターは倉敷の珈琲館のオーナー畠山芳子さんと結婚され、倉敷に行くことが多くなっていた。結果、夜もバイトが2人入ることが多くなり、私も夜はカウンターの中を任されるようになっていった。カウンターの中に入ると、自分で選曲も出来る。しめたとばかりに、私はECMやENJA、ヨーロッパ・ジャズ、ニュー・ジャズ、フリージャズ、CTI、クロス・オーバー、モダン・ジャズ、ビ・バップ、ボーカルと、手当たり次第聴いた。

【ピアノ】ビル・エヴァンス、セロニアス・モンク、バド・パウエル、ハンク・ジョーンズ、レッド・ガーランド、トミー・フラナガン、フィニアス・ニューボーンJR.、ウィントン・ケリー、ウォルター・ビッショップJR.、ソニー・クラーク、バリー・ハリス、ジュニア・マンス、デューク・ジョーダン、レイ・ブライアント、マル・ウォルドロン、ラムゼイ・ルイス、ジャッキー・バイアード、レニー・トリスターノ、ハンプトン・ホーズ、エロール・ガーナー、オスカー・ピーターソン、モンティ・アレキサンダー、デューク・ピアーソン、ジョン・ルイス、ボビー・ティモンズ、キース・ジャレット、ハービー・ハンコック、チック・コリア、マッコイ・タイナー、リッチー・バイラーク、スティーブ・キューン、ポール・ブレイ、ハル・ギャルパー、ボボ・ステンソン、アート・ランディ、ダラー・ブランド、ジョン・コーツJR.、等。

【サックス】ジョン・コルトレーン、チャーリー・パーカー、ジャッキー・マクリーン、ジョニー・グリフィン、ジョー・ヘンダーソン、アート・ペッパー、フィル・ウッズ、ソニー・レッド、ジョージ・コールマン、ソニー・スティット、ソニー・クリス、スタン・ゲッツ、キャノンボール・アダレイ、ベン・ウェブスター、コールマン・ホーキンス、レスター・ヤング、デクスター・ゴードン、JR.モンテローズ、ズート・シムズ、ソニー・ロリンズ、ハンク・モブレー、エリック・ドルフィー、ローランド・カーク、リー・コニッツ、ウェイン・ショーター、ヤン・ガルガレク、ガトー・バルビエリ、ビリー・ハーパー、オリバー・ネルソン、サム・リバース、ジョー・ファレル、スティーブ・グロスマン、ジェリー・マリガン、等。

【トランペット】マイルス・デイヴィス、フレディー・ハバード、ドナルド・バード、リー・モーガン、ケニー・ドーハム、ブルー・ミッチェル、チェット・ベイカー、ブッカー・リトル、クリフォード・ブラウン、サド・ジョーンズ、ナット・アダレイ、ディジー・ガレスピー、チャールス・トリバー、ハンニバル、ダスコ・ゴイコヴィッチ、ケニー・ウィラー、等。

【ギター】ジム・ホール、ウェス・モンゴメリー、ジョー・パス、ケニー・バレル、バーニー・ケッセル、ハーブ・エリス、グラント・グリーン、チャーリー・クリスチャン、ジャンゴ・ラインハルト、ラルフ・タウナー、エグベルト・ジスモンチ、テリエ・リピダル、等。

【ビッグバンド】カウント・ベイシー、デューク・エリントン、ギル・エヴァンス、サド・メル・オーケストラ、ベニー・グッドマン、等。

【ドラム】エルヴィン・ジョーンズ、トニー・ウィリアムス、アート・ブレイキー、マックス・ローチ、ジャック・ディジョネット、フィリー・ジョー・ジョーンズ
【ベース】ゲイリー・ピーコック、チャールス・ミンガス、スコット・ラファロ、エバーハルト・ウェーバー、ロン・カーター、ポール・チェンバース、サム・ジョーンズ、エディ・ゴメス、ジョージ・ムラーツ、ミロスラフ・ヴィトウス、リチャード・デイヴィス、ジミー・ギャリソン、ダグ・ワトキンス等。

【ボーカル】ビリー・ホリディ、サラ・ボーン、ニーナ・シモン、ダイナ・ワシントン、ペギー・リー、エラ・フィッツジェラルド、ヘレン・メリル、カーリン・クローグ、アン・バートン、ローズマリー・クルーニー、アニタ・オデイ、ナンシー・ウィルソン、カーメン・マクレー、ジュリー・ロンドン、ルイ・アームストロング、ナット・キング・コール、フランク・シナトラ、トニー・ベネット、メル・トーメ、ジョニー・ハートマン、マーク・マーフィー、シーラ・ジョーダン、アイリーン・クラール、ロレツ・アレキサンドリア、ディーディー・ブリッジウォーター、アビー・リンカーン、マンハッタン・トランスファー、ポインター・シスターズ、等。

【フリージャズ】アート・アンサンブル・オブ・シカゴ、オーネット・コールマン、アルバー

ト・アイラー、スティーブ・レイシー、チャーリー・ヘイデン、カーラ・ブレイ、ドン・チェリー、ノア・ハワード、マリオン・ブラウン、デヴィッド・マレー、アンソニー・ブラクストン、アーサー・ブライス、デューイ・レッドマン、ラン・ブレイク、アーチー・シェップ、ファラオ・サンダース、セシル・テイラー、サン・ラ・アーケストラ、ジョン・サーマン、ブリジッド・フォンテーヌ、等。

【クロス・オーバー】ウェザー・リポート、ジョー・ザヴィヌル、ジャコ・パストリアス、スタンリー・クラーク、パティ・オースチン、ジョージ・ベンソン、マイケル・フランクス、デヴィッド・サンボーン、ボブ・ジェイムス、デイブ・グルーシン、パット・メセニー、スタッフ、ジャン・リュック・ポンティ、ラリー・カールトン、リー・リトナー、等。

【その他】M.J.Q.、ミルト・ジャクソン、ゲイリー・バートン、ボビー・ハッチャーソン、エディ・コスタ、デイブ・パイク、レム・ウィンチェスター、トゥーツ・シールマンス、カーティス・フラー、J.J.ジョンソン、ハービー・マン、ポール・ウィンター、オレゴン、アントニオ・カルロス・ジョビン、ジョアン・ジルベルト、アストラッド・ジルベルト、ロバータ・フラック、ダニー・ハザウェイ、等。（まだ、この頃の私は、ボサノヴァやソウルの区別が無かった。）

【日本のジャズ】渡辺貞夫、鈴木勲、渡辺香津美、本田竹広、菊地雅章、日野皓正、日野元彦、山本剛、峰厚介、山下洋輔、高柳昌行、佐藤允彦、高瀬アキ、梅津和時、富樫雅彦、秋吉敏子、中本マリ、笠井紀美子、峰純子、ママT、細川綾子、伊藤君子、大野えり、酒井俊、マリーン、辛島文雄、加古隆、宮沢昭、菅野邦彦、武田和命、板橋文夫、水橋孝、福井良、向井滋春、三木敏悟、山本邦山、ジョージ大塚、世良譲、増尾義秋、安田南、森山浩二……等。

私はシャインのバイト以外の日は、暇さえあれば他のジャズ喫茶等に通っていた。当時シャインの他にも、イリミテ、むべ（のちの焼肉店「東風」）、レイジー・チッキン、オム、ビンセント、Garakuta、ブルーノート、テイク・ファイブ等が岡山にはあった。ジャズ以外は、ペパーランド、コマンド、ともしび（タンゴ喫茶）、東京（クラシック喫茶）。倉敷には、アヴェニュウ、ピルゼン（のちの「サムシング」）、トレンド、フィフティというジャズ喫茶があった。

イリミテは先にも触れたように県立図書館（今の天神山文化プラザ）の前にあったマニアックなジャズ喫茶だ。マスターは守屋勝弘さんといって、結構気難しそうな人だった。ここは、作家の原田宗典さんもよく通っていたそうだ。まあ、ジャズ喫茶の主人は大概にしてそうなのだが、本も「エピステーメー」（朝日出版から出ていた哲学科学の月刊誌）とか置いてあって、たまにシャインには無いような面白いレコードがかかるので、私もよく時間を過ごしに行っていた。

「むべ」は大元にあって、マスターが山村康男さんという気さくな人で、シャインほど肩苦しくなく明るい感じのジャズ喫茶だった。モダン・ジャズからクロス・オーバー（この時代はフュージョンとかコンテンポラリーミュージックいう言葉はまだ無かった）がよくかかっていた。KEY WESTというテナー・サックスのカルテットが定期的にライブをしていた。アート・ペッパーを岡山の市民文化ホールに呼んだのも山村さんだった。スイング・ジャーナルの表紙にアート・ペッパーが「むべ」のライターを首にぶらさげて写っていたのが、岡山のジャズファンとしては嬉しく思えた。

「ビンセント」は当新田にあったカウンターだけのジャズ喫茶で、モダンジャズをかけていて、いかにもジャズファンという感じのマスターと奥さんが経営していた。たまに天気が良い日に、自転車で遠出がてらに寄っていた。

「Garakuta」も築港のほうにあって、開店当時はカウンターとテーブルが2つ程のこぢんまりとしたジャズ喫茶だったが、奥に大きく広げてオシャレな店に新築した。マスターは井上周一さん。後々長い間LPコーナーのお得意さんとして付き合って下さった。今でも個人的には付き合いがあって、たまにお茶をしに行っている。岡山で40年以上、一番長く営業しているジャズ喫茶だ。最近はジャズだけでなくボサノバやコンテンポラリーミュージックもかけている。

「レイジー・チッキン」は磨屋町にあった。ＬＰコーナーが出来てからのジャズ喫茶で、東京から帰ってきたデザイナー上がりのウエマツさんというマスターがしていた。ビ・バップからハード・バップにやたら詳しくて、BLUE NOTE、PRESTIGE、RIVERSIDEのオリジナルの珍しい廃盤をアメリカから直接買い付けていた。人当たりが良く、凄く面白い人なのだが、売り上げ金で呑み歩いていたので長くはやっていけなかった。どちらかというと破滅型の人格だったので、どことなく親近感も覚えた。私としては、結構廃盤や原盤の勉強になった。一度、サディク・ハキム（バップ・ジャズピアニスト）を呼んでライブをしたことがある。岡山のジャズ史で一瞬、花火のように話題を振りまいた人だった。

「ペパーランド」は、その頃は学生街の喫茶店という感じで日本のフォークがよくかかっていた。主人は、能勢伊勢雄さんだったが、映写技師をしていたので店には殆ど居られなかった。まだライブハウスではなかった。高校の同級生の宇津木さんや三宅伊都子さんがアルバイトをしていたので、大学の帰りや授業の途中に、同じクラスの上田君とよく時間を潰しに寄っていた。私はロック喫茶の「コマンド」にもちょくちょく寄っていて、当時はさっちんという初代マスター小野さんの奥さんが店を切り盛りしていた。コマンドがオープンした当時は、ジャズもやっていたらしい。そのコマンドでトム・ウェイツの岡山公演の話を聞いた。トム・ウェイツのことは知らなかったので、コマンドでレコードを聴かせてもらって、コンサートに行くことに決めた。

1977年1月18日、岡山市民文化ホールでコンサートはあった。観客はまばらで100人も入っていなかった。トム・ウェイツは酒瓶を片手に、くわえタバコで出てきて、ピアノに向かって酔いどれのブルースを歌う。レコードの退廃的なイメージのままだ。三宅さんも観に行っていた。私は強烈な印象を受けて、その印象をそのまま油絵に書き殴った記憶がある。シャインではトム・ウェイツはかからないが、トム・ウェイツのファンになった。しかし、LPコーナーに勤めだして彼が下戸であると聞いて、「やられた!」と思った。そういえばその後、コッポラの映画「コットン・クラブ」やジム・ジャームッシュの「ダウン・バイ・ザ・ロウ」で役者としても出演している。それでもトム・ウェイツが歌や役者で演じる世界は好きである。彼の世界が時代とともに変化していることも好きだ。彼は表現者、アーティストである。

倉敷のジャズ喫茶にも、たまに電車に乗って聴きに行っていた。「アヴェニュウ」はその当時は駅前通りにあって、マスターの松本勝也さんの手作りのスピーカーでジャズを鳴らしていた。マスターは役人だったので、店は気さくな奥さん、美代子さんに任せていたようだった。日本のジャズがかかっていて、山本剛が好きだったようでよくかけてもらった。今は美観地区でライブハウスとして倉敷のジャズを引っ張っている。店の中央部に当時のスピーカーが、当時の店の幅で掛かっている。

「トレンド」は駅前にあって、3、4回行ったことがある。薄暗い本格的なジャズ喫茶で、ハードなジャズもかかっていたが、LPコーナーが出来て間もなく閉店した。店のレコードは、倉敷の笹沖のジャズレコード・コレクターでジャズ喫茶「ロスト・シティ」を経営していた白神雅光さんが引き取ったようだ。

「ピルゼン」のマスターは、坪井進さんという倉敷の粋人で、山下洋輔を何度も倉敷に呼んだ人だ。今は駅ビルで倉敷のスノッブたちが集まるジャズバー「サムシング」を経営している。ピルゼンは商店街の入り口あたりでカウンターのジャズ喫茶バーみたいな店だった。昼間、何度かお邪魔したが、よく喋る個性的なお姐さんが居て、坪井マスターとは会ったことが無かった。坪井さんとまともに話をしたのは、LPコーナーに入ってからのことだ。乗金さんがドクター・ジャズこと内田修先生と知り合いで、内田先生が旅館くらしきに泊まられた時、私と坪井さんと乗金さん、3人で食事を御一緒させて頂いた。食事の後、4人でお風呂に入って、その日は内田先生のジャズ談義に花が咲いて素晴らしい時間を過ごさせていただいた。乗金さんから後で聴いた話だが、珈琲館の芳子さんとのなれそめのキューピットは、坪井さんだったようだ。ちなみにピルゼンにいた個性的なお姉さんは、その後岡山で「ローズマリー」というジャズ・バー（本人はジャズ・バーではないと主張するだろうが、客の大半はジャズファン）を開いた。源氏名を「マコ」さんという。

Yambow JAZZ 徒然

ジャズを仕掛けてきた極楽とんぼたち

「ブルーノート」「プレスティッジ」「リヴァーサイド」といえば、ビ・バップ、モダン・ジャズを代表する3大ジャズ・レーベルだ。ジャズの名盤の宝庫である。アルフレッド・ライオン、ボブ・ワインストック、オリン・キープニューズ、各レーベルの仕掛け人たちと、そしてジャズの音色を創ってきたのがレコーディング・エンジニアのルディ・ヴァン・ゲルダーだ。

当然、マイルスやモンク、エヴァンス、コルトレーン、ウェス等とジャズミュージシャンがいなければ始まらないのだが、このジャズレーベルを支えた彼らがいなかったら、偉大なジャズメンは、いまの半分も残っていなかっただろう。今でこそジャズといえばこの頃のバップやモダン・ジャズを指すのだが、彼らがレーベルを始めた40年~50年代は、ジャズといえばスイング・ジャズかトラディショナル・ジャズが主流だった頃で、ビ・バップなどは当時のジャズファンからすると、異端の音楽でジャズではなかったのだ。

もちろん、各レーベルにも、トラッド・ジャズやスイング・ジャズ等のレコーディングもあるのだが、積極的に当時の新しいジャズをどんどんレコーディングしていったことは、考え方によっては、ミュージシャン以上にジャズの歴史を創ってきたことになる。

ジャズのマイナーレーベルは他にも、ヴァーヴ、コンテンポラリー、インパルス、サヴォイ、ベツレヘム、エマーシー/マーキュリー、CTI、ECM、エンヤ、スティープル・チェイス、と枚挙にいとまがない。そして、どのレーベルにも音楽の指向性みたいなものがあって、ミュージシャンもそれらを使い分けているきらいがあるようだ。と、いうよりやはりレーベルの主催者、プロデューサーの意思が演奏に反映されている。いい方向に反映されるか、悪い方向に反映されるかは、プロデューサーの音楽性、人間性に関わってくるのだろう。それは出来上がった作品が長い時間を経て物語っている。

基本的にこのようなジャズ（ジャズに限らず）のマイナーレーベルの音楽と、メジャーレーベルの商品としての音楽とはおのずと性格が違ってくる。ソニーレコードの社長の「いい音楽と売れる音楽は、まったく別のモノだ」という蓋し名言（?）がある。ジャズという音楽はまったくもってわがままな音楽で、マイナーレーベルでしか発展しないのかもしれない。

ブルーノートは今やジャズでは名門レーベルだが、創立者のアルフレッド・ライオンは67年リバティにブルー・ノートを売却した。健康上の理由もさることながら、実際のところ彼の借金もそれでやっと帳消しとなったのだ。コンコードジャズのオーナー、故カール・ジェファーソンもアメリカ西海岸で有数の大富豪だったが、その財産をコンコードレーベルにつぎ込んでしまった。これはまだほんの氷山の一角であって、このようなジャズのマイナーレーベルが抱える非経済的効果は、一般常識からすると馬鹿げた道楽としか映らないだろう。

マイナーからメジャーへ。新しいものが次の世代の基準へと移行するときは、なにかとそんな図式があるようだ。大多数の幸福は少数派の意思から出てくるのだ。ゴッホが生きている時代は誰も見向きもしなかった彼の絵が、今は何億という値段で取り引きされている。しかしその内のほんの僅かなお金でさえ、ゴッホ自身を潤すことはなかったのだ。もしタイムマシンがあって、ゴッホと出会って、酒でも呑んでうんちくを交わすことができるなら、その体験は、絵を持っている以上に素晴らしい財産になると信じている。

同じように、今の時代でも次の世代に繋がるマイノリティーが存在しているはずだ。音楽やアート、パフォーマンス等、きょうもどこかで凄いモノが創られているかもしれない。凄いモノを創り出すのはアーティストの表現力だが、やはりそれを紹介するオーガナイザー、そしてなによりもそれを受けとめるオーディエンスやギャラリーがいなければ、アートが存在する必要十分条件は揃わないのだ。みんなも、各自のマイナーな凄いモノを探してみよう。

（98・8・17）

II

LPユーナー岡山支店

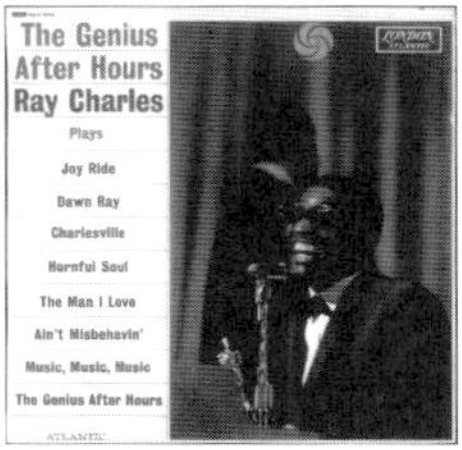

１９７８年４月ＬＰコーナー岡山支店オープン

（株）エルピーコーナー（以下ＬＰコーナー）に入社して、岡山支店オープンまでの１カ月間は大阪の本店で研修だった。ＬＰコーナーは梅田の阪急東商店街の外れにあった。社長大谷眞一さんの姉弟で経営している会社だった。法華クラブというビジネスホテルに泊まり込みで、店に通った。お金さえあれば夜は遊ぶに事欠かない環境だったが、そんなことをしている余裕もお金もなかった。ホテルに帰っては、大学の教養課程のドイツ語のレポートを仕上げていた。これが通れば、大学の休学届けが受理してもらえるからだ。１年間は休学してＬＰコーナーで働いてみて、働けそうだったら退学届けを出すつもりだった。そのことは会社には内緒にしていた。研修が終わる頃、単位が取れたという連絡を受けた。

LPコーナーのロゴマーク

1978年4月、LPコーナー岡山支店はJAZZ、ROCK、SOUL専門の本格的な輸入盤レコード・ショップとしてオープンした。そしてオープン記念のバーゲンセールは、洋楽ファンで大いに賑わった。その当時は、店長は西尾さんという本店勤務だった先輩が、大阪から岡山へ単身赴任で勤めていた。藤原さんが主力のROCK担当で私はJAZZ担当だった。店長の西尾さんがSOULを担当した。

オープン当初から毎日のように顔を出す、小柄で年齢不詳のしゃがれ声で人懐っこい客がいた。ブラック・ミュージックや黒人社会のことにやたらと詳しい矢杉直彦こと「ナオ」というソウル小僧だ。ナオは、私にとっては初めて出会うタイプの人間だった。というよりも、今から思えば強力な個性の持ち主だったのだろう。彼のような人種は、後にも先にも居なかったのだから。

週に2回ほど新入荷のレコードが本店から届く。その日は、ナオは開店前からシャッターの前で待っている。岡山支店が出来る前は、大阪の本店から通信販売でソウルのレコードをたくさん買っていたようだ。だからナオ用のレコードが必ず入っている。シャインの乗金さんもしかり。11時頃荷物が届くと、いの一番にナオと乗金さんに新譜を見てもらう。乗金さんは新譜以外にも、廃盤のボーカル物を探していたので、海外オークションで社長が仕入れた乗金さん用のレコードが入っていた。

オークションといっても、今のようにインターネットなど無いので、アメリカからのオークション専門業者のリストでチェックして仕入れる。新譜は輸入業者のリストや海外の業者と直接テレックスで取り引きしていたようだ。

あと、カットアウト盤というジャケットの隅が切れたアメリカの新古盤のレコードも届いていた。アメリカでは出版物の委託販売という制度が無く、売れ残った商品は返品出来ないためカットアウト業者が安い値で買い取る。新品と区別するためにジャケットの隅をカットして安く店頭に並ぶことになる。カット盤の中には廃盤で手に入らなくなった名盤、発売当初は売れなくても後にビッグになったアーティストの初期の無名の頃のアルバム、チャートには上らなかったけれど内容が良くて口コミで話題になった盤、など安くて美味しいお宝が眠っている。逆にそんなアルバムを見つけるのも、輸入盤屋の仕事でもあった。

ナオは音楽のことだけでなく、B級グルメ店や映画のこともよく知っていた。昼になると、2人で色々な店によく出かけたものだった。しかし彼女が出来るとレコードだけチェックして、昼には居なくなっていた。当時は、ビデオ機器もあまり普及しておらず、まして映画やレコードのレンタルショップも無かった。それでも、彼は日本で未公開のSFホラー、ナンセンスのたぐいが好きで妙なビデオを持っていたので、たまに観せてもらっていた。

1年後私は結婚して、それを機に店長になった。そして西尾さんは大阪へ栄転した。そういえば、一度西尾さんと広島にキース・ジャレットのコンサートを聴きに行ったことがある。西尾さんは、当時知り合ったばかりの美人姉妹を2人誘って4人で車に乗って聴きに行った。キース・ジャレットは、ヤン・ガルバレクとパレ・ダニエルソン、ヨン・クリステンセンのカルテットで、ちょうど「マイ・ソング」というアルバムが話題になっていた頃だ。ヤン・ガルバレクのサックスは独特の音色とメロディーを奏でる。キース・ジャレットの優しく、シャープなピアノに3人の繊細なサウンドが絡んでゆく。ヤン・ガルバレクはスター・トレックのMr.スポックみたいな髪型とスタイルで、終始直立不動でサックスを吹いていたのが印象的だった。

私が店長になった頃、表町に「バード」というジャズのライブハウスがオープンした。ノヴァ・ミュージックのベース弾きの小島裕俊さんが「おもしろいお店が出来たので行ってみよう」と、最初に連れて行ってくれた。マスターは岡崎直樹さんというサックス奏者だった。妹の裕美さんと、奥さんのハルミさんが、カウンターの中で手伝っていた。ピアノは藤井雅紀さんが務めていた。マスターがアルトサックスを吹き出すと、その凄さに驚いてしまった。パーカー系のビ・バップのジャズ。地方でこんなに吹ける人がいたのだ。と、早速にファンになってしまった。

ちなみにバード（BIRD）というのはチャーリー・パーカー（Charlie Parker）の愛称だ。車でツアー中に鶏をひいてしまって、そのまま焼き鳥にして食べてしまったという逸話から来ているらしい。

バードのこと

小島さんとはLPコーナーの仕事が終わってから、よく居酒屋やバード、タラモアデュー、ロビンソンクルーソー与太郎などに飲みに行った。バードは、岡崎マスターを慕って楽器の演奏者も集まっていた。カウンターには岡大ジャズ研でサックスとフルートをしていた多田誠司さんが、店長としてバイトに入っていた。今や、日本を代表するサックス奏者だ。結構裕美さんやハルミさんと馬鹿話で盛り上がっていた。多田さんはジョークも饒舌で、彼のサックスやフルートのアドリブのバラエティの豊かさは、饒舌な喋り方から来ているのだと私は密かに思っている。岡山理科大学の学生だった川嶋哲郎さんも、奥の厨房でバイトをしていた。多田さんと川嶋さんは、一時日野皓正さんのバンドで活躍していた。多田さんは、おかやまJAZZフェスティバルや富士通コンコード・ジャズフェスティバルでも岡山に来ている。いま思うと凄い店だったのだ。というよりも、やはり岡崎マスターが凄かったのだ。

常連さんも一癖二癖あるお客さんが多くて、同期で操山高校の柔道部にいた新田吉秀さんは、「つるちゃん」の愛称で賑やかにしていた。ジャズファンはお医者さんも多くて、私の高校時代の同級生五藤恵次さんともよく出会っていた。岡大医学部麻酔科の太田吉夫先生は、バード以外のジャズのお店でもよくお見かけしていた。ほかに、ジャズマシーンでドラムを叩くようになった浦上正風先生、ノバミュージックの故・平松隆司さん、田川誠一さん、國廣理正さん、富田薫さん、ピアノの山本ヒロユキさん、トランペッターの石川明さん、ギターの荒木博司さん、ベースの赤星敬太さん、鳥越啓介さん、佐藤ヤスオさん、鳴瀬正邦さん、多田伊予平さん、ボーカルの金田サミさん、遠藤マリさん、SHOKOさん、サックスの井本和巳さん等、当時はマスターのメガネにかなったミュージシャンしかステージには上がれなかった。

年末だけは忘年会のセッション大会で初心者も参加出来た。そして遅くまで盛り上がっていた。たまにお客さんとスキーツアーや、カニツアー、海水浴などと親交を深めていたようだが、私は仕事の都合で参加出来なかった。イベント等で勢いが付くとよく「下津井港」という海鮮居酒屋で朝までみんなと盛り上がっていた。昔ながらのバンドマンの性だ。マスターの妹の裕美さんはトランペッターの石川明さんとめでたくゴールインした。石川さんは医薬品会社の真面目なサラリーマンだが、トランペットの腕前は素人にしておくのはもったいないくらいだった。でも、プロにならなかった方が賢明な選択だった。

DJナオ

LPコーナー岡山支店が、オープンして以来毎日のように顔を出していたナオ。歳のわりには若く見えて人懐っこいので、結構街では人気者で、美味しいB級グルメの店をよく知っていた。昼休みは2人でいろいろと食べ歩いた。しかし彼女が出来ると、ピタッと来なくなる。そして、別れるとまたLPコーナーに戻ってくる。

今は、DJという職業が岡山でも定着しているが、彼はその先駆け的存在であった。LPコーナーの目の前にあったキャバレー富士の5階にオープン・ステージ5（ファイブ）というディスコがあった。そこに清水敏夫さんという年配のDJがいた。何故かカントリー評論家でその方面では名の知れた人だった。ナオは彼の手伝いでDJブースに出入りしていた。LPコーナーは、当時出始めていた12インチシングルというLPサイズで片面1曲か2曲しか入っていないシングル盤を扱っていた。溝がゆったりと刻んであって丈夫な作りなので、ＤＪのご用達レコードだった。大阪本店や心斎橋支店では西日本のディスコホールやＤＪが競って通信販売で買っていた。岡山でも輸入盤の入荷日には、ダンス・ミュージック・ファンが開店前から待っていた。といっても、ナオとその取り巻きが2、3人だが。磯田護、山ちゃん、太田君、有田君……。

12インチシングルに関しては、ＬＰコーナーはアメリカ盤が多かった。アメリカのブラック・ミュージックが中心で、ファンク、ソウル、ラップ、ヒップ・ホップ、ニュー・ジャック・スイング、ゴーゴー、ハウス・ミュージック、Ｐ-ファンク等。ヨーロッパ盤も扱っていた。ユーロ・ビートからパンク、ニューウェーブ、テクノ、ユーロ・ポップス等、日本のディスコでは、こちらの方が受けていたようだ。時は、バブルの時代に突入してゆく頃だった。表町の裏筋に出来たディスコ「イマージュ」（今のイマージュではない）にナオやマモさんが専属でＤＪになった。「ダン通り」という飲み屋街を仕切っていた田辺忠夫さんというソウルオヤジが、農業会館の地下で「ＤＡＮ」というディスコを開いていた。毎週のようにＬＰコーナーに来ては、個人的にビルボードのソウルチャートのＬＰをすべて買っていった。

イマージュが無くなって、駅前の大関ビルの4階に「クレオカウント」というディスコが出来て、ナオやマモさんはそこの専属ＤＪになった。その頃はよく店を閉めた後、クレオカウントに12インチを配達してDJブースのそばで、音楽を聴きながらみんなの踊りを眺めていた。[音楽には、頭で聴く音楽と、体で感じる音楽があるのだ」などと思いながら、ビールを呑んでいたものだ。

私はやはりジャズとの関わりで、ディスコ・ミュージックを聴いていた。そうしてみればハービー・ハンコックは「ヘッド・ハンターズ」から新しいアフロアメリカン・ミュージックを生み出していたのだ。コンピューターを取り入れたテクノ・ファンクの「セックス・タント」、「マン・チャイルド」ではスティービー・ワンダーと、「サン・ライト」ではボコーダーを使い、そして「フューチャー・ショック」では「ロック・イット」というヒット曲を出して、スクラッチを使ったヒップ・ホップ・サウンドを創り出した。常にブラック・ミュージックとしてのジャズを開拓していた。

映画「ゴースト・バスターズ」の音楽を担当したレイ・パーカーJr.は、マイルスのバンドでギターを弾いていた。ムトゥーメやノーマン・コナーズもマイルス・ファミリーだ。ムトゥーメのサウンドはボビー・ブラウンなどのニュー・ジャック・スイングに繋がって行く。ノーマン・コナーズは、スターシップというバンドで洗練されたブラック・コンテンポラリーを創っている。しかし、彼はファラオ・サンダースとのデュオ・アルバムで、コルトレーンの「インターステラー・スペース」ばりのフリージャズも演っている。

アース・ウィンドウ&ファイアーのモーリス・ホワイトは、ラムゼイ・ルイス・トリオのドラマーだった。マイケル・ジャクソンを一躍世界のスターダムに押し上げたのは、クインシー・ジョーンズだ。チャカ・カーンもクインシーのプロデュースするレーベル「クゥエスト」で有名になった。そして、マイルスの遺作「ドゥー・バップ」は、ヒップ・ホップ、R&B、ジャズの次世代へのメッセージを込めたアルバムだ。それはアフロ・アメリカン・ミュージックの未来だ。カサンドラ・ウィルソン、ロバート・グラスパー、そしてプリンスに繋がって行く。個人的にはエリカ・バドゥ、ディ・アンジェロなどにもマイルスのDNAを感じる。R&Bとジャズ、ソウルとジャズ、ヒップ・ホップとジャズ云々は、まだまだいくらでも個人的な見解はあるが、こうしたブラック・ミュージックとしてのジャズの聴き方のきっかけを作ってくれたのは、ナオかもしれない。

ナオのお母さんは、天満屋のはす向かいにあった長崎屋（後のファンQビル、今は駐車場）の地下で「こずる」というおでん屋をしていた。仕事の済んだお姐さんや、飲んべえたちの仕上げの店だ。猫が好きな気さくで小柄なカワイイおばさんが、カウンターの中で1人で切り盛りしていた。朝方までしていて、私も何度かお邪魔した。すると手相を見てくれたり、ナオの話を嬉しそうにする。

一度、ソニーの社長が直々にナオの家に来て、「レコードを出して、東京で仕事をしないか」

というスカウトの話があったようだが、「お母さんを残して行けない」と、断ったそうだ。その頃ナオは、大阪や県外にも呼ばれてレコードを回しに行っていた。惜しい話だが、結局マザー・コンプレックスから抜けることが出来なかったのだろう。

そのお母さんが1989年に、交通事故で亡くなられた。浜の方に引っ越して、夜中に新鶴見橋の上で自転車に乗って渡っている時、自動車と事故をした。葬儀には、夜の商売関係や岡山の有名人がたくさん集まった。そして、アメリカへ行っていた、ナオのお姉さん遊佐タカ子こと「タカ」さんが2人の子ども、カンちゃんと生まれたばかりのタイちゃん、そして黒人の夫、ウォルターを連れて帰ってきた。

タカさんは、ぶっ飛んでいるファンキー姐さんだった。お母さんの店を継いで「こずる」を改め「スポーツバー・コズル」として、ダンナと2人で商売を始めだした。ブラック・ミュージックやラップを流しながらスポーツを観ながら酒が飲めるスポーツバーは、アメリカでは普通にある酒場だが、岡山では初めての店だった。

ウォルターはサッカーとラップが好きで、アメリカではIT関係の仕事をしていた。しかし日本語が話せなくて岡山くんだりに来ては、直ぐに良い仕事など無かった。タカさんとウォルターのキャラもあってか、ファンキーな女の子や癖のあるお兄さんや社長が集まってきてファミリー状態だった。私もカウンターの端で産まれたばかりのタイちゃんを膝に抱いて、ビールを呑んでいた。

長崎屋が、「ファン・Q・岡山」というアミューズメント・ビルとして生まれ変わり、地下に浅野兄弟が経営する「クラブ・ジャム」が出来た。コズルはジャムのサブバーのような役割もしていた。一度、モン・プロの西蔭嘉樹さんの招聘でレス・マッキャンのグループのライブをジャムでしたことがある。生粋のブラック・ミュージックだ。

ローランドのキーボードを竹本さんに頼んで用意してもらった。当時レス・マッキャンの「BUTTERFLY」というアルバムが、LPコーナーでは人気盤だった。昔のピアノ・トリオの名盤からは想像も付かない、ブラック・コンテンポラリーのバラッドアルバムだ。

楽屋替わりにコズルを貸してもらって、昼の3時頃からリハが始まった。しかし肝心の親方、レス・マッキャンは出てこない。仕方ないので、残りのバックバンドでサウンド・チェックをした。サックスプレイヤーがいい音を出していた。すると、彼が最後の10分前くらいに来てローランドの調子をチェックしてリハはおしまいだ。なんでも、彼女とメイク・ラブをしていたらしい。

ライブが始まると、会場がクラブということもあって、みんな腰を振ってノリノリである。1部と2部の休憩に入ると、バンドのみんなはコズルでドリンクを飲んで休憩した。しかし、またボスのレス・マッキャンは休憩に入ってこない。会場を覗いてみると、女性の客の手を握ったり抱きついたりキスをして、上機嫌にホール内をうろついている。「まったく！」年は70歳が近いというのに、なんともスケベな爺さんだ。それが、彼のソウルフルなグルーヴを産み出す原動力なのだろう。

ライブの後は、親分は彼女の待つホテルへ早々に帰ったが、残りのメンバーは、コズルで宴会だ。サックスマンはコズルのファンキー娘をねらっていたようだが、それ程彼女たちも甘くない。酔っぱらって敢えなくホテルへ退散してしまった。後からモン・プロの西陰さんに聴いた話だが、岡山に来てから暫くしてアメリカでレス・マッキャンは脳梗塞で倒れ左半身不随となって、もう演奏出来る状態ではないらしい。当然、スケベも出来なくなったそうだ。岡山公演は貴重なライブだったワケだ。

それにしても、「レス・マッキャンのあのグルーヴ感は、日本人に真似ることが出来るモノではない」と、つくづく思い知らされた。ちなみに、ウォルターの叔母さんは、ジャズ・ソウルシンガーのルース・ブラウンだそうだ。なんとか、岡山に呼びたいと思っていたが、その前にウォルターはいろいろ問題があってアメリカに強制送還となってしまった。ウォルターは岡山弁を話すヘンな黒人の岡山っ子になってはいたのだが、彼はもう日本の土を踏むことは出来なくなった。結局ルース・ブラウンの来岡の夢は消えてしまったのだ。

ソウルのイベントといえば1995年に、マリーナ・ショウを岡山に呼んだ。このイベントがモン・プロの西蔭嘉樹さんとの腐れ縁の始まりだった。阪神淡路大震災のチャリティー・ディナー・ショーということで、ジャムの浅野エイジさんとコズルの仲間に声を掛けて始めた。私たちの中では、マリーナ・ショウはビッグスターだったが、岡山ではそうではなかった。そしてイベントの自粛ムードと相まって、チケットはさっぱり売れなかった。私は、チケットを売るどころか金策に奔走した。

コンサート当日は、2部入れ替え構成を、入れ替えなしで行った。コンサートは半分くらいしか聴けなかったが、さすがにマリーナ・ショウの声量といいグルーヴ感といい申し分無かった。そして、最後のアンコールでゴスペルをソロで歌った。それを聴いて、私は全身が震え目頭が熱くなっていった。高く付いた感動だったが、余計に「感動する音楽に出会えることは、何ものにも代えがたい時間だ」などと、妙な納得をしてしまった。これが、YAMBOWバンス・キングの始まりでもあった。

マリーナ・ショウはその後10年くらい経って、ホテル・グランヴィア岡山のディナー・ショーで出会った。その時はPAの調子が悪く、途中から歌にも気が入らないまま終えてしまった。そのためか、マリーナ・ショウとの久しぶりの出会いも何となくしらけムードとなった。

レイ・チャールズのライブが1999年12月に岡山音協（岡山県音楽文化協会）の主催で岡山シンフォニー・ホールであった。年末なので仕事を抜けるわけにもいかず、音協の矢延さんに頼んで席を用意してもらって、2部の後半に駆け込んだことがある。

レイ・チャールズはジャズ・ピアニストとしても凄い腕前があるので是非聴いてみたかったのだ。アンコールは、桑田佳祐の「愛しのエリー」を弾いたが、原曲よりソウルフルだ。映画の「RAY」でも描いているが、レイ・チャールズのピアノはナット・キング・コールの弾き語りから始まっている。アトランティック盤に「ジーニアス・アフターアワー」というレイ・チャールズの演奏だけのアルバムがある。私の愛聴盤だ。それを聴く度に「レイ・チャールズがジャズ・ピアニストとして演奏していたら……」と思うが、彼はジャズに留まらずエンターテイメントとしてのソウルの弾き語りで一躍世界のトップ・スターにのし上がったのだ。逆にブラック・ミュージックとしての一つのジャズのあり方だったのかもしれない。

余談ではあるが、チャカ・カーンもシンフォニー・ホールでコンサートをした。ダイナマイト・ソウル・シンガーだ。私も観に行った。すごい声量でシャウトしまくる。その迫力たるや女性ソウル・シンガーならではのものだ。彼女は1991年の「ビ・バップを歌う女」というアルバムからジャズも歌っていた。

コンサートが終えて、シンフォニー・ホールの裏口の方に出ると、コズルのタカさんがファンキーな格好をしていつもの子分の女の子2人を連れている。「どぉしとるんじゃ?」と、声を掛けると「チャカ・カーンを待っとんのよ」とタカさんは言った。私は、サインでももらうのかと思って手を振って別れた。後日、その後のことを聴いてビックリ。チャカ・カーン一行がバスに乗って出ようとした時、チャカ・カーンがバスを停めて彼女たちをバスに呼び込んだ。そして、そのままホテルで夜中までドンチャン騒ぎをしたらしい。さすがにタカ子姐さんだ。

お母さんが亡くなってからは、ナオは前ほど私の前には現れなくなっていた。たまにコズルで会うくらいだ。お母さんの別れた夫の奥さん、ナンシーというインド人のクォーターの所へタカさんがよく行っていた。いろいろ事情はあるが、岡山での唯一の身内でもある。しかしナオはそれ程寄り付かなかった。それでもナンシーの作るカレーは絶品で、コレばかりはナオも好きで私もランチに度々誘っていた。その頃、ＤＪバー「デリート」を磯田護さんことマモさんと始めた。表町3丁目にあったアナグラのような店を買い取ってオープンしたのだが、ナオはじっと店で待つということが出来ないのでマモさんが切り盛りしていた。そして、今でもマモさんがマスターで営業している。

シャインが乗金さんから小島さんへ

シャインの乗金さんは1986年にシャインを処分して倉敷の珈琲館のマスターとして倉敷の住人となった。とはいっても、シャインの店名は残すことにして、LPコーナーのお客さんで灘崎の朝本さんが受け継ぐことになった。シャイン新装開店のイベントとしてエルヴィン・ジョーンズ&ジャズ・マシーンのライブをした。2部入れ替え構成で、どちらも大入り満員だった。辛島文雄、井野信義、向井滋春、武田和命というメンバーだ。そして、隣の乗金さんのお兄さんが経営していた喫茶店ウィンディを楽屋として使わせてもらった。

終始ケイコ夫人が演奏以外は場を仕切っていろいろ指図する。エルヴィンはケイコ夫人が居れば、借りてきた猫のようにニコ

エルヴィン・ジョーンズと二男の一史

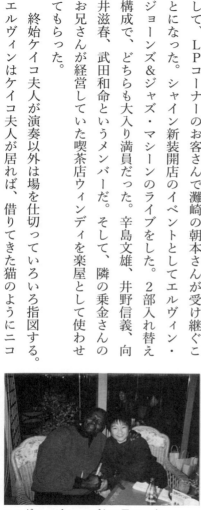

やかに大人しくしている。狭いシャインの店で演奏が始まると、エルヴィンのドラムたるや凄まじい勢いで、所狭しとうねり回る龍のように店の中を埋め尽くしてしまった。そして、ブリッジでドラムソロが回って来ると延々と叩きまくる。他のメンバーは、もうついて行けないみたいに、演奏の手を止めてソロに聴き入っていた。

エルヴィン・ジョーンズ、ケイコ夫人、平井ファミリー

エルヴィンは、間近に観ると正にドラマーの怪物だ。アフターアワーは、朝本さんの招待で食事会だった。私はエルヴィン・ジョーンズから葉巻をもらったが、数日後ドラムをやっている上ちゃんこと上岡進さんに、その葉巻は持って行かれてしまった。

エルヴィン・ジョーンズはその後、岡山のミュージシャン派遣会社「ノバ・ミュージック」を経営していたドラマーの平松隆司さんのプロモートで、市民文化ホールでもコンサートをした。その時は長男が生まれる直前で、うちのヨメさんはパンパンのお腹をして裏方を手伝った。すると、ケイコ夫人もそのことを印象深く憶えていて、1997年12月1日に岡山シンフォニー・ホールであった

「至上の愛」コルトレーン追悼コンサート、エルヴィン・ジョーンズの3回目の来岡の時、コンサート終了後ホテル・グランヴィア岡山で久しぶりの再会を家族で過ごした。このことは、Yambow JAZZ徒然に書いている。

その後、1年程してシャインはベーシストの小島祐俊さんが経営するようになった。小島さんはノバ・ミュージックにいたので、市内のミュージシャンたちのコネクションが沢山あった。昔のシャインでもアルバイトをしていたので、シャインのマスターとして直ぐに馴染んだ。すると彼はセミグランド・ピアノを店に置いて、ジャズ喫茶というよりジャズ・ライブ喫茶のようなことになっていった。主人が替われば客層も変わってくる訳で、楽器の演奏者やヴォーカリスト、ジャズ研の学生やらが集まってきた。シャインもジャズのレコードを難しい顔をして聴く時代から、演奏して参加する時代へと変わってゆく先駆けの店となっていった。既にバードがジャズ・ライブハウスとして先陣を切ってはいたのだが、矢張りこの頃からジャズの演奏者が岡山でも増えて行く事となる。

Yambow JAZZ 徒然

サーカスのドラマーに憧れた男

さる12月1日　岡山シンフォニーホールにてエルヴィン・ジョーンズ(ds.)、マッコイ・タイナー(p.)、ウィントン・マルサリス(tp.)、レジーナ・ヴェール(b.)によるコルトレーン追悼「至上の愛」コンサートがあった。現在考えられる最高のカルテットの一つである。ウィントンのトランペット、レジーナのベース、ベテランのマッコイ・タイナーのピアノと、どれを取っても申し分ない演奏であった。そして、70歳という高齢にもかかわらずエルヴィン・ジョーンズのドラムは、昔と変わらぬ独特のウネリのあるビートで、聴く者、観る者を釘付けにしてしまった。私自身にも久しく無かった感動、素晴らしい音楽に触れたときのエンドルフィンが頭に充満するあの感動を、再び呼び戻してくれたコンサートだった。

コンサートの後、ヨメさんと子供とで、ホテルまで追いかけのミーハーをしてしまった。ところが、12年前、エルヴィンがシャイン(昔あったジャズ喫茶)に来た時のことをケイコ夫人(エルヴィンの奥さん兼マネージャー)が覚えてくれていたお陰で、コンサートの感動が醒めやらぬ内に、思わぬ再会となってしまった。なんでも、私のヨメさんと子供のことが印象深かったらしい。そして1時間少々の間、エルヴィン・ジョーンズと同席させてもらった。終始エルヴィンは、驚いたように目を剥きながら白い歯で顔いっぱいに笑っていた。「もうこの人は、家に帰ると二才の子供なの」と、ケイコ夫人が話してくれる。

エルヴィン・ジョーンズも他に漏れず貧しい黒人の家に生まれた。音楽が好きで好きで、楽器がないものだから家の鍋や釜や音がでるものはなんでも叩いて遊んでいたらしい。ドラムセットなどはもっての外である。16才の時、軍隊に志願した。軍楽隊に入ったのだ。音楽ができて、給料も貰える。少年にとっては正に夢のようなことだった。そこの楽隊でクラシックの楽理からビッシリと叩き込まれたそうだ。音楽以外に様々な人生勉強もしたという。そしてジャズの世界に入っていったのだ。「この人はドラムを叩いているから、今、生きているんです」とケイコ夫人は面白く話す。しかし、昔夫人がエルヴィンと一緒になった時、ある人から「エルヴィン・ジョーンズは100年に一人出るかでないかの天才だ」と言われたそうだ。それを聴いた時、彼女は足がすくんでしまった。「私はそんな人と一緒にどう生きてゆけばいいのだろう」と。実はエルヴィン・ジョーンズが、今、生きているのは、ケイコ夫人の献身的な愛によって支えられてきたからなのである。あのコルトレーンとの伝説のカルテットは、未だに多くのミュージシャンやジャズファンを魅了して止まない。

するとエルヴィン・ジョーンズは目を輝かせながら身振り手振りでサーカスの話をし出す。ライオンや虎がいて、アクロバットの妙技やピエロ、そしてサーカスの花形の空中ブランコ。そのバックでドラムが実に巧妙にサーカスを盛り立てていく。エルヴィンは子供心に（今でもそうだが）サーカスのドラマーになりたいと思ったそうだ。

よく考えてみると、サーカスといえばピカソもしかり。若き頃のピカソはサーカスの絵をしきりと描いている。俗に云う青の時代だ。巨匠になる前のピカソの感性がほとばしりでている作品群だ。エルヴィン・ジョーンズとは違った捉え方ではあるが、世紀の天才二人が何故かサーカスに影響を受けている。映画、テレビ、ビデオとサーカス以上の映像や娯楽が氾濫している中で、サーカスは次第と忘れられている。そして、本来のサーカスが持っていたエンターテイメントの原点みたいな部分も、いつの間にか忘れられているのかもしれない。


（97・12・10）

シャイン＝バードが岡山ジャズシーンへ

バードで知り合った山田雄一さん。ドラマーで、自称「無宇一」と称して「ムーちゃん」と呼ばれていた。スターウォーズのイウォークのような体型で、昼は太田洋行（楽器屋さん）に勤めていた。いざドラムを叩くとダイナミックで繊細なドラミングをする。ジャズとロックをこなし、若手ではピカイチのセンスを持ち合わせていた。しかし、大の酒飲みで演奏の後は虎となってしまう。シャインの小島さんと3人でよく飲みに行った。

小島さんも酒飲みだ。私は仕事が済んで9時頃から合流する。成田家か鳥好で良い気持ちになって、バードに繰り出す。当時のバードは、誰彼ステージに上がれるわけではなかった。マスターの目にかなったプレイヤーだけが、たまにステージに上がってセッション出来る。ムーちゃんや小島さんはOKだったが、小島さんは仕事以外では滅多に飛び入り演奏はすることが無かった。岡崎マスターも有名ミュージシャンと共演することは滅多に無かった。

しかし、昔の仕事仲間でもあるドラマーの豊田晃さんが、たまに客として遊びに来ると嬉しそうにいい演奏をする。豊田さんは、ムーちゃんを一回り大きくしたようなガタイで、ダイナミックでシャープなドラマーだ。

もう一人上岡進さんというドラマーもよくシャインに来ていた。郵便局員で、ノバ・ミュージックの平松さんの弟子だ。ジャズドラム好きのドラマーで、エルヴィン・ジョーンズ、トニー・ウィリアムス、ジャック・ディジョネット、フィリー・ジョー・ジョーンズ、アート・ブレイキー等々、ジャズドラマーの主流をよく聞き込んでいた。小島さんやムーちゃんと違って、彼は下戸で酒は一切飲まない。だからよく倉敷や遠方でジャズライブがあると、彼が運転手を務める。みんなで、上ちゃんの車に乗って遠征したものだ。

当時、備前のお医者さんの浦上正風さんがおられ、レコーディング・スタジオを持っていた。月に1度、京都の藤井貞泰さんというバド・パウエルの研究でも有名なピアニストを呼んでそのサームスタジオでジャズ・パーティーを催していたので、上ちゃんたちとよく藤井貞泰トリオの演奏を聴きに行った。まだ新人で駆け出しのベーシスト北川潔（いまやアメリカのジャズシーンの一線で活躍している）がいつも演奏していた。ドラムは石川潤二。

そのうち、浦上先生もドラムを習い始め、いつしかステージに立つようになった。そして、バードのジャズ・マシーンでドラムを叩きはじめて第1回岡山ジャズ・フェスティバルでは、岡崎さんのジャズ・マシーンのドラマーとしてシンフォニー・ホールのステージに立った。藤井貞泰さんのレコード「サーム（PSALM）」もサームスタジオで録音して自主制作で出している。レコードはそれ1枚だけで、ほかには数枚CDを制作している。

余談になるが、上ちゃんは下戸でもウーロン茶1杯で陽気に呑んべぇ以上に盛り上がる。一度、中央町に2人で呑みに行って（といっても呑んだのは私1人だが）、上機嫌でカラオケスナックを出て、フラフラと公園の横に駐めていた車に乗って発車した。すると、待ってましたとばかり赤いランプを回しながらパトカーが近づいてきて停車させられた。「すみません、運転手さん、ちょっとコレに息をはきかけて下さい」とアルコール検出器を窓越しに出してきた。私は助手席でプンプンとアルコールの臭いをさせていたが、上ちゃんからは反応が出るわけがない。「おまわりさん、お勤めご苦労様です」と、平然とその場を去った。そのあと車の中で2人して笑いこけた。

シャインにはジャズだけでなく色々なジャンルのプレイヤーたちが集まっていた。竹本洋朗さんもパーカッション・アンサンブルのようなライブをした。10人くらいのパーカッションのグループで延々とビートを刻む。ヒッピー風のミュージシャンもいれば、サンバンのメンバーもいる。10分も経つと、グルーヴ感が出てくる。誰かが指示したわけでもなく、ゆるやかにグルーヴしてゆく。「これが、岡山のグルーヴだ」と私は思った。そのことは、ゆくゆく私の中で岡山のジャズ、岡山の音楽というこだわりにも繋がっていくことになった。

また一度、クレイジーキャッツのベーシスト犬塚弘が夜遅くシャインをのぞいたことがある。小島さんが気付いて、場が盛り上がった。そして、セッションが始まって滅多に聴くことがない犬塚さんのベースを聴くことができた。

小島さんは普段はジャズファンには小難しいマスターだが、ことベースのこととなるとベースオタクが花を咲かせる。スコット・ラファロ、ゲイリー・ピーコック、ニールス・オルステッド・ペデルセン、レジー・ワークマン、ミロスラフ・ヴィトウス等、毒舌を交えながら喋り出す。

そんな小島さんのベーシスト関係で、ベースの中山英二さんがシャインにドン・フリードマンを連れてきてライブをしたことがある。ドン・フリードマンといえば、ビル・エヴァンスと同じ頃、白人独特のモダン・ジャズ・ピアノの奏法でジャズを推し進めたピアニストだ。そのビル・エヴァンスのベーシスト、チャック・イスラエルと「サークル・ワルツ」という名演をリバーサイドに吹き込んでいる。

ライブの日、調律したてのピアノを岡大ジャズ研のピアニストが試し弾きをした。しかしリハーサルで、いざドン・フリードマンが鍵盤をさわるやその響きたるや、シャインのピアノが変わったのではないかと思うほどの深淵で柔らかい音が、ピアノから溢れ出る。まさに「弘法筆を選ばず」とはこのことであろう。素晴らしいライブだった。次の日、ドン・フリードマンと中山英二はオフ日だったので、私は岡山の後楽園を案内した。すごく気さくな人で、抹茶をみんなでいただいた。

岡大のジャズ研もよく溜まっていたので、学生のジャズライブもよく演っていた。今や東京で注目のテナー・サックスの橋爪亮督さんもシャインでセッションしていた。コルトレーン一辺倒の地方ジャズシーンにあって、独特の演奏法でソロを取っていたのが印象的だった。

バードでアルバイトをしていたが、ステージにはあまり出なかった川嶋哲郎さんもシャインでたまに演奏していた。よくLPコーナーのバーゲンでジャズLPをたくさん買っていていろいろ聴き込んでいたようだ。聴く度に上手くなっていた。その彼も、いまや日本のテナー・サックスのトップ・ミュージシャンである。

ムーちゃんや上岡ちゃんもよく演奏していた。岡山のピアニストやボーカリスト金田サミさんとか、橋本アリサさん、山本ヒロユキさん、佐藤ヤスオさん、太田徹哉さん等、若手のプレイヤーや、岡徹信さんや細部さん、糸瀬さんなど往年のバンドマンがたくさん集まっていた。ムーちゃんは、その後太田洋行を辞めて、上ちゃんの薦めもあって郵便局員の資格を取る勉強を始めた。そして、資格が取れるまでLPコーナーでアルバイトをすることになった。LPコーナーとシャインの周りには、演奏者が集まっていた。

ムーちゃんがLPコーナーでバイト

ムーちゃんがアルバイトするようになって仕事の後、よく2人で呑み歩いた。音楽のことやミュージシャンの蘊蓄《うんちく》というのか、愚痴というのかそんなことを酒のつまみに呑んでいた。ムーちゃんもトム・ウェイツが好きで、トム・ウェイツが出ている映画「コットン・クラブ」や「ダウン・バイ・ザ・ロー」に始まって映画の話や、ジャズやロック、R&B、エスニックのリズムの違い等、話は多岐にわたった。「コスモグラフィア」というエスニックの音楽喫茶が表町3丁目にあって、赤松雅信さんという岡山きってのベーシストがマスターで、夫婦で経営していた。ムーちゃんとそこにお茶をしに行っていた。夜は、バードかコマンド、そしてローズマリーだ。よく「音楽には6種類あって、(良い音楽)(悪い音楽)(上手い音楽)(下手な音楽)そして(好きな音楽)(嫌いな音楽)だ」と言っていた。ソニーの社長も「(売れる音楽)と(良い音楽)は別物だ」という名言を言ったとか言わないとか……。

補足で言わせてもらえば、(良い音楽)(悪い音楽)は提供する側(レコード屋さん等)の客観的な音楽の評価で、(上手い音楽)(下手な音楽)は演奏する側の一つの基準である。そして(好きな音楽)(嫌いな音楽)は、聴き手の最終的な選択でこれが一番手強い基準だ。

そしてムーちゃんは、演奏家をミュージシャンとバンドマンに区別していた。ミュージシャンは純粋に良い音楽、新しい音楽を演奏することを目的としている演奏家で、バンドマンは音楽を欲望のために使っている、だらしなくどうしようもない演奏家のことだ。

士農工商、ドンバ(バンドマンのこと)、バンマス、ジャーマネ(マネージャー)という社会的序列がある。バンマスは悪人でジャーマネは極悪非道な人種だ。

チャーリー・パーカーはジャズでは天才だが、生活は無茶苦茶な破滅型な人生を送っている。チェット・ベイカー、エディット・ピアフも、ビリー・ホリディ、ジャニス・ジョプリンもしかり、レイ・チャールズも、マーヴィン・ゲイ、ジミ・ヘンドリックス等、枚挙にいとまがない。音楽だけでなく、アート芸術文化でもゴッホやピカソ、モジリアニ、石川啄木、与謝野晶子、そして日本の落語、歌舞伎、芸能界などゴシップに事欠かない。

音楽やアート、芸能が本来「官能の赴くまま」という前提を内包しているから仕方ないことなのかもしれない。人を感動させられる人間がそうであるのは芸術だが、感動の無い人間がそうであるのは単にアウトサイダー、社会のあぶれ者でしかない。与謝野晶子の「私が文章を書かなければ、単なる不良少女でしかなかった」という言葉を思い出した。

演奏家を単にミュージシャンとドンバの二極に分けるのはいささか困難ではあろうが、有名無名にかかわらず、みんな両方の因子を持っている。ムーちゃんも詰まるところそうだったのかもしれない。晴れて郵便局員の試験に受かって社会復帰したものの、体調を壊して１００kg以上あった体重が半分以下になった。ドラム演奏はしていたようだが、バンドの演奏は辞めて、純粋に自分の中で演奏する場を選んでいた。センスは冴えていたが、昔のようなダイナミックなドラミングは聴けなくなった。何かのチャンスさえあれば、世に羽ばたける素質は充分あったのだろうが、それは私が決めるようなことでも無かったのだ。しかし、全てのミュージシャンやアーティストが、官能の赴くままに生きているわけでもないことも付け加えておきたい。

ユジマサナエが岡山へやってきた

ＬＰコーナーでバイトをしていたムーちゃんは、郵政の試験に受かりイウォークの髭も剃り落とし、郵便局員として店を後にして新たな人生に旅立った。当時ＬＰコーナーはシャインの

2階を借りて中古専門店を出していた。しかし、中古部門を担当していた青井さんが辞めることになって、ジャズ部門を2階に移しLPコーナーJAZZ岡山とした。

アルバイトに清水由佳さんが入った。彼女は仕事を早く終わらせては、マンガの落書きを描いていた。結構面白いイラストなので、そのまま好きにさせた。その頃は、レコードやCD、顧客のデータ管理にMacを使っていた。そして彼女はMacを使ううちに、Macにハマってしまった。津山の植月さんからMacを買って、あっという間にいろんな技をマスターしてしまったのだ。LPコーナーのホームページも彼女が制作してくれた。

そんなある日、「私、広島から岡山に帰ってきて、ジャズボーカルをやってます。ジャズが歌えるライブハウスを探してます。どこかないですか?」と、ぽっちゃりとして、ほっぺの赤い元気な女の子が店に入ってきた。「そおか? バードというライブハウスがあるから、紹介しようか」と、私。それが、児島早苗さんと

コジマサナエ、鳥越啓介グループ=デスペラード

の出会いだった。

その夜、バードに連れて行って岡崎さんに紹介した。するとマスターは、2回目のステージの最後に児島さんを歌わせた。彼女の歌にバードのみんなが、アッと驚いた。荒けずりだがパンチの効いた歌だった。彼女は、バードの近くの表町に家があった。なんだかだと結局、週に2、3日LPコーナーで働いて、金・土の夜はバードで歌うことになった。そして岡山に、コジマサナエ旋風が吹き始めた。

その頃、地域FM局を開局する動きがあって、岡山レディオモモとFM倉敷が出来た。レディオモモでLPコーナーが担当して音楽番組を作ることになった。ちなみにFM倉敷は、グリーンハウスの中村泰典さんが代表取締役として開局した。

週一の1時間の番組制作といっても大変なことだった。私とムーちゃんで、輸入盤のジャズの新譜紹介を隔週で担当した。月一でDJの有田さんが、ダンスミュージックやサーフミュージックを担当した。そして、コジマサナエさんが月一で「サナエのラヴ・ライブ・ミュージック」というライブ番組を担当して、バードやライブハウスに機材を持ち込んで制作した。

すると、副島さんが「メールス・ジャズ・フェスでサインホ・ナムチャラックという、女性でホーメイを使うインプロヴァイザーと知り合ったので日本に紹介したい」と言ってきた。もともとホーメイはモンゴルの民謡で使われる特殊な発声方法で、喉を酷使するので主に男性が使うものだそうだ。だから、女性がホーメイを使うことはあまりない。ましてや、即興音楽でホーメイを使う女性はサインホだけだ。（蛇足ながら、日本では巻上公一さんが口琴とホーメイを駆使して面白い即興音楽をやっている。）その頃、岡山でもホーメイのことは余り知られていなかったので、ホーメイの紹介として何か面白いイベントが出来ないものかと考えた。

サナエさんは、ピアノの内田かおりさんとよく演奏していて、内田さんは子育ての真っ最中だった。そういう訳で、「子供のための音楽イベントをしよう」ということになった。FMレディオモモに全面的に協力してもらい、「ヴォイセス・フォー・チルドレン」実行委員会を立ち上げた。子育て奮闘中のお母さん方が、この実行委員会にたくさん参加してくれた。菅野恵美さんも子育て真っ最中で、パンフレットの制作に尽力してもらった。

１９９７年7月23日に、益野のふれあいセンターで「ヴォイセス・フォー・チルドレン」を賑やかに開催した。コジマサナエさんと内田かおりさんグループのジャズヴォーカルのコンサートと、サインホ・ナムチャラックの不思議なホーメイの歌声の2部構成で、親子で参加出来るイベントだった。実はこのイベントは、子供のためでなく子育てに奮闘中のお母さんのためのイベントだったのだ。

Yambow JAZZ 徒然

ジャズメンの神様

ジョン・コルトレーンのインパルス時代の代表作に「バラード」と「至上の愛」という全く性格の違う2枚のアルバムがある。ジャズファンも「バラード」は聴くが、「至上の愛」は難解ということで遠慮する人が多いようである。一般には、この「至上の愛」からコルトレーンが俗にいうフリージャズへと傾倒していったようにいわれている。ところが、スパイク・リー監督の映画「モ・ベター・ブルース」の最後の場面で、このコルトレーンの「至上の愛」が延々と流れる。それも、ごく当たり前のようにこのコルトレーン音楽がスパイク・リーの映像感覚に自然とマッチしているのだ。スパイク・リーの映画では、ブルースから、ジャズ、ソウル、そしてファンク、ヒップホップ・ラップまで、なべてブラック・ミュージックとして登場してくる。彼の映画では、各場面でのブラック・ミュージックは欠かせないファクターになっている。「マルカムX」で使われたサム・クックの「ア・チェンジ・イズ・ゴナ・カム」もそうだ。「至上の愛」と日本語にすると仰々しくむずかゆくなるが、「ア・ラブ・シュプリーム」と原題で黒人が喋ると、この響きはソウルなのである。

ブラック・ミュージシャンの中には、その幼少時代に教会で音楽にかかわっていた経験を持っている人が少なくない。「ラブ」「ソウル」「スピリッツ」等、音楽の端々に出てくるタイトルや歌詞には、彼らのなかの神の存在が一つのプライドとして表れているようにも思える。70年代の黒人の民権運動の中心は教会にあった。キング牧師やマルカムX、宗教こそ違うがその動きはあらゆる黒人文化と連動していった。なかでも音楽が一番身近なところで変わっていったのだろう。黒人の新しい音楽としてのファンク・ムーブメントは、ジャズにも影響を与えた。フリージャズ、ブラック・ジャズ、ジャズ・ファンクと、ブラック・ミュージックとしてのジャズは形を変えていったのだ。クルセイダーズやアース・ウィンドウ・アンド・ファイアーなどは正にこのムーブメントの落とし子であろう。逆に、昔ながらのスタイルのジャズ・ミュージシャンたちはヨーロッパへとその活動の場所を求めていった。実際の話、この時期「ジャズは白人に媚びた音楽」として過激な黒人運動家たちから目の仇にされた。ルイ・アームストロングが生命の危険さえ感じたというのは有名な話である。アルバート・アイラーがハドソン川に浮かんでいたのも、実はこのあたりの事情ではないかと私は密かに思っている。今でも多くのミュージシャンが、キリスト教、イスラム教、仏教と、何らかの宗教を持っているようだ。最近は日本の創価学会に入信しているミュージシャンも多いようである。たしかに宗教と音楽の関係は太古から存在するもので、もっともっと奥の深い部分があるのだろうが、このテーマは酔っぱらいの私如きの手に負えるものでもない。

日本人はこのような宗教的なバックボーンが無いため、しばしば演奏家からすると誤解した形で音楽を聴くことになる。でも、「音楽はこのように聴くべきだ」とか、「これが正しい聴き方だ」などといったものも無いのだから、それはそれで音楽の解釈の一つとして別に良いではないか。昔、太鼓叩きの友人が教えてくれた。「音楽には、6つの種類がある。上手いか下手か、良いか悪いか、そして、好きか嫌いか」と。そうだそうだとばかり酒の席で盛り上がったことがある。それでも、私は、日本人は「おてんとうさま」とか「八百よろずの神」に代表される、インディアンやアイヌのような自然の中の原始的な多神教的宗教観を持っているように思っている。

（98・3・16）

Ⅲ ジャズ・フォーラム岡山

いんでぃら出井達海さんとの出会い

出井達海さんという人が、ある日店に訪ねてきた。「今度、世良譲トリオを岡山市民会館でするから、チケットを売ってくれ」と、言うなりチケットの束を渡そうとする。「協力はしますが、そんなには売れませんよ」と私が答えると「1枚1000円バックするから、しっかり売って儲けたらええぞ」と、景気のイイ話をしてくる。「10枚預かりますから、普通の5%のマージンでいいですよ」と、私。「なんやけったいなおっさんやな。うちの店で、世良譲なんてそんなに売れるわけないし」と、思いながら結局10枚だけ預かった。そして案の定、1枚も売れなかった。それでも、コンサート当日は、結構な数の客が集まったそうだ。今から思えば、私も案外、狭い了見でジャズを聴いていたのだろう。世良譲さんや北村英治さん等は、戦後の日本ジャズの復興には欠かせないミュージシャンだったのだから。そして出井さんは、うちのお客さんで山本剛のファンだった東谷孝志さんの友人だった。ご両人とも、お偉い社長さんだ。出井さんは「いんでいら」の社長で、東谷さんは「東谷フーズ」の社長だ。

2、3カ月たった日、また出井さんから「峰純子をクラブ烏城でするからレコードを売りに来てくれ」と頼まれた。なんと、バックはローランド・ハナとジョージ・ムラーツであった。コンサートの即売などしたことがなかったが、3人とも好きなミュージシャンだったので二つ返事で引き受けた。当日はそこそこの売り上げになって、ライブも垣間見ることが出来た。

峰純子さんのアルバム「プリ・モーニング」は、私が最初に買った日本人ボーカルだった。正にそのメンバーでのライブだったのだ。私としてはえらく得した気分になったので、お礼方々会場の後片付けを手伝っていた。すると、出井さんから打ち上げに誘われて、ミュージシャンらと共にバードに繰り出した。

バードの岡崎マスターもえらく喜んで、演奏時間は終わっていたがサックスを吹いてくれた。それがきっかけとなり、バードでのアフターアワー・セッションが始まった。ローランド・ハナはソファーでくつろいでいたが、ジョージ・ムラーツは酔っぱらってピアノの前に座り、おもむろにピアノを演奏しはじめた。思いも寄らない珍プレーにみんな大喜びだ。私もアフターアワー・セッションの楽しさに時間を忘れてしまい、いつの間にか午前様となってしまった。

この後、出井さんと東谷さんを中心としたジャズ・フォーラム岡山が始まっていくことになる。

ある日またしても出井さんから連絡があって、今度は「〈ジャズ・フォーラム岡山〉という団体を岡山市の文化団体に登録するから、おまえも発起人に入れ」と、いった内容だった。なんでも、ケニー・ドリューを岡山市民文化ホールで主催するので、市の団体として登録しておくと、ホールが安く貸してもらえるからだ。ケニー・ドリュー、ニールス・ペデルセン、エド・シグペン、クラーク・テリー、カーリン・クローグという凄いメンバーだった。

この頃、出井さんは丸の内に「ロビンソン・クルーソー」というジャズ・ラウンジ・バーみたいな店を出していた。酔狂なBANさんこと花房秀明さんがマスターで、出井さんの遊び部屋みたいな空間だった。そこで「ジャズ・フォーラム岡山」の企みが始まったのだ。

ケニー・ドリューのコンサートに向けて、またしても私は夜の闇に紛れてポスター貼りを手伝うことになった。ポスター貼りの後は天瀬の「久態」で、ラーメンと餃子、ビールをご馳走になる。それにしても、ケニー・ドリューとこのクラスの本格的ジャズメンが岡山で聴けるようになろうなどとは夢のような話であった。そんなこともあって、チケットは店でもたくさん売れた。200枚以上は売れた。

売上金の100万円からの大金を、店に置いておくのも気が気で夜も眠れなかったので、ブレザーの内ポケットに入れてウロウロしていた。そして、コンサートの前日、売上金を持ってロビンソンに寄った。そこには、今回のプロモーター、オールアートの石塚孝夫さんが前ノリで来ていた。出井さんが、「今回、チケットを一番売ってくれた平井君だ」と、石塚さんに紹介してくれた。

当日、小橋にある岡山市民文化ホールはジャズファンやら、岡山の物好きな夜の文化人やらメディア関係、セレブなご婦人等、たくさんの人でごった返した。私はレコード販売のかたわら会場の仕事も手伝った。すると、開演前にパトカーが駐禁の取り締まりで回ってきた。みんな川沿いの道にズラリと違法駐車していたのだ。ホールの管理事務所から出井さんを呼んで来るようにと言われ、あたふたと捜して場内放送で車を動かしてもらった。

今度は開演直後になって、席に座れない客が怒り出して、出井さんをまたもや探し回った。チケットは指定席でなく、自由席で売っていた。それも、客席以上のチケットを売っていたのだ。通路にも座ってもらい、立ち見も出るほどの大入り満員だったが、入りきれないチケットを売って客からも管理事務所からも大目玉をくらった。しかし、「叱られても、こんだけ客が入ったら気持ちええじゃろうが」と、出井さん。

私も後半からやっとコンサートを観たが、素晴らしいの一言だった。特にペデルセンのベースソロは絶句のテクニックだった。あこがれのカーリン・クローグの歌にも満足。その頃、ケニー・ドリューとペデルセンの「デュオ」(STEEPLE CHASE盤)は、ジャズ喫茶の人気盤だった。カーリン・クローグはスタンダードからフリースタイルまでこなす幅の広いボーカリストで、艶っぽい歌声は私の憧れだった。クラーク・テリーはフリューゲル・ホーンを上下逆さに持って吹くというステージ芸をみせてくれた。しかし、「コレが世界レベルのジャズだ」と、つくづく納得したコンサートだった。

この夜の打ち上げは、四川料理のレストランで10人あまりのスタッフとミュージシャンたちとで和気藹々と過ごした。でも、カーリン・クローグとペデルセンは参加してなかった。嗚呼、カーリン・クローグと美味しいお酒が呑めると夢見ていたのだが……ハートブレイクな夜に終わってしまった。

ジャズ・フォーラム岡山、東谷孝志さんと山本剛

ジャズ・フォーラム岡山はそれからも「ロビンソン・クルーソー」を中心に、出井さんと東谷さんが取り仕切って、というのか最終的な決済を2人が責任を持って運営していった。東谷さんは、山本剛が好きでアベニュウやシャイン等でライブをした。私も、シャインの時は裏方を色々と手伝った。

当時、伊藤君子さんがデビューしたてで伊藤君子&山本剛トリオでライブをしたことがあった。客はたくさん集まった。アフターは東谷邸で打ち上げだ。伊藤君子は今や日本のジャズボーカリストでは大物だが、当時は新人で、印象の良い控えめな女性だった。演歌からジャズの世界に転向したようだが、歌唱力はしっかりしていた。出身は小豆島だったので親近感もあって私も彼女のファンになった。デビュー・アルバム「バードランド」は佐藤允彦がバックだった。伊藤君子さんはその後も、岡山には度々来られた。一度、高瀬アキさんとのデュオという異色のライブをバードで聴いたことがある。

ケニー・ドリューのコンサートの後、東谷さんが山本剛のアルバムを制作するのでレコーディングを東京のイイノ・ホールですることになった。LPコーナーの木曜日の定休日に合わせて、出井さんと東京に向かった。イイノ・ホールはレコーディングだけのために借りていた。オールアートの石塚孝夫社長と、エンジニアには菅野沖彦さんが来られていた。山本剛（p.）、稲葉国光(b.)、守新治（ds.）というメンバーでのレコーディングだ。

アルバム・タイトルは「セント・エルモ（ST.ELMO）」。これは東谷さん、出井さんが共有しているヨットの名前で、

山本　剛「ST.ELMO」

アルバムの中で曲名にもクレジットされている。東谷さんと出井さんのために、山本剛が作った曲だ。山本剛さんは夏のバカンスはヨット・クルージングに、岡山に来ていた。私も何度か誘われたが、仕事を休んでバカンスに行くほどの身分でもなかったので、ST.ELMO号には乗らず仕舞いだった。

夜はジャズ・ライブハウス「ボディ&ソウル」に繰り出した。仕事を終えたミュージシャンたちがセッション目当てに集まってくる。デビューしたての大野えりさんや伊藤君子さん等もいた。レイ・ブラウンと外タレが数人入ってきた。ジャム・セッションがはじまる。「東京ではこんな思いも寄らない演奏が、毎夜繰り広げられているのだ」と、岡山との音楽状況の違いに今更にため息をつきながら、アフター・セッションのリラックスした演奏を楽しんだ。

用を足しにトイレに入ると、山本剛さんがしゃがみ込んでゴソゴソしている。「何をしているんです？　山ちゃん」と、声を掛けると「トイレの床のタイルが剥がれちゃってるので、直しているんだよ」と、いつもの笑顔で答えてくれた。「ええっ！　山ちゃんがそんなことしなくてもいいじゃない」と、わたしは驚いて止めようとしたが山本さんは、「いいんだ。いいんだ」とタイル張りを続けていた。「山本剛さんはいい人なんだ。だから心に届く演奏ができるんだ」と思った。「ボディ」の後は、出井さんや東谷さん等と朝方まで麻雀をした。そして出井さんと、クタクタになってホテルでバタンキュウである。気付くと、朝の9時過ぎだ。あわてて出井さんと東京を発って、昼過ぎに岡山駅に着いた。駅の駐車場にとめていたベンツで、野田屋町のＬＰコーナーまで送ってくれた。１万円以上の駐車代をムッとしながら払っていた出井さんの横顔を、未だに覚えている。楽しくともドタバタのジャズ・フォーラムの東京膝栗毛であった。

大豆の先物取引であぶく銭

その頃、私は大豆の先物取引に引っかかってしまっていた。ＬＰコーナーに来た真面目そうな若いお客さんで、熱心に話をするのでついつい話に乗ってしまった。すると、相場が下がったので直ぐ追い証を入れてくれとのことで「やられた！」と思いながら、また入金した。腹が立つので、それっきり放っておいた。そして数カ月経った日、ふと確かめてみると数十万円儲かっていることに気付いた。すぐ解約しようと電話を掛けると、のらりくらりと解約に応じてくれない。やっと１カ月後くらいに解約出来た。少し儲けが減ったが、50万円くらいは儲かった。

「どうせあぶく銭だ」ということで、バードやロビンソンに頻繁に顔を出すようになった。それがきっかけで、夜に飲み歩いてジャズの企てに参加し始めた。ロビンソンは、普段はラウンジのような店だったので、ＢＡＮさんとページ・ワンとかして遊んでいた。狭い店だったがオールアートがらみで、モンティ・アレキサンダー・トリオとか、デビューしたての阿川泰子、山本剛トリオのライブ等いろいろしていた。

「今度デューク・ジョーダントリオが来るが、平井君やらないか?」とロビンソンで出井さんから相談があった。デューク・ジョーダン・トリオといえばSTEEPLE CHASEの「フライ・トゥ・デンマーク」が人気盤だ。私もシャインの頃よく聴いていて持っている。メンバーもそのアルバムのメンバーだ。さっそく三木記念ホールを押さえて準備を進めた。

しかし、思った程チケットが売れず、コンサートの数日前に当日の打ち合わせにロビンソンに行っても出井さんは居なく、結構ストレスが溜まっていた。それでも、当日は２００人くらいの入りで、私は普段通りにレコード販売のコーナーを担当した。あとのことは、オールアートの石塚さんと出井さんの関係でノー・プロブレムだ。

デューク・ジョーダン「フライト・トゥ・デンマーク」

デューク・ジョーダンは体格と比べ、やたらと腕のリーチが長く、楽々とピアノ鍵盤の端から端まで手が伸びる。［ビ・バップのピアノだ］と、私は終始感激していた。打ち上げはロビンソンで賑やかにした。デューク・ジョーダンと握手をすると、彼の手は私の手より一回りは大きくゴツゴツとした手だった。私はその頃チャーリー・パーカーに凝っていて、パーカーの伝記本に載っているデューク・ジョーダンとパーカーが演奏している写真にサインしてもらった。

チャーリー・パーカーと共演したデューク・ジョーダンと、同じ時間を共有出来たということだけで私は独りで悦に入っていた。その後2000年に入ってからデューク・ジョーダンのソロ・ピアノコンサートの話があって、バードでライブの準備をしていたが、来日直前に体調を壊しキャンセルとなった。それから2、3年後、彼は第2の故郷デンマークで息を引き取った。

三木記念ホールでは、秋吉敏子トリオのコンサートもジャズ・フォーラム岡山で主催した。コンコードから「フィネス」というトリオのアルバムを出した頃だった。秋吉さんはビッグバンドでの来日公演が多かったが、数少ないトリオ演奏のコンサートだ。私は秋吉さんのアメリカ仕込みのドライでスイング感溢れるピアノが好きだった。しかし、彼女は昔のトリオ演奏のレコード（ストーリービルやヴァーヴの時代）にはサインをしなかった。多分、思い出したくない辛い時代だったのだ。それでも、アメリカのジャズの黄金時代を乗り越えてきた彼女のピアノは、日本のピアニストでは聴けない本場の演奏を聴かせてくれる。そういえば、秋吉敏子のビッグ・バンドは昔大学生の頃、岡大の学生会館ホールで聴いたことがあった。

１９８５年の春、昼頃出井さんから「ジム・ホールを津山まで車で連れて行って欲しい」という電話が入った。その日はアニタ・オデイのコンサートが津山であって、出井さんが送って行く予定だったのだが、急な予定が入ったので私が連れて行くことになった。岡山駅に迎えに行くと石塚さんとジム・ホール、タナ・アキラ、レイ・ドラモンドの４人が駅前広場で待っていた。ＬＰコーナーのバンだったので助手席にジム・ホールを乗せ、後の席には石塚さんと大柄なミュージシャン２人、計３人を乗せた。後ろは少し窮屈だったが仕方ない。

途中ドライブインに寄って、トイレ休憩を取った。「ステージが終わるまでは、アルコールを飲ませては駄目なんだよ」と、石塚さんはズボンの前を汚したジム・ホールを見て、苛ついたように言った。好々爺という感じのジム・ホールだったが、私は緊張して何も話せなかった。「車はゆったりした車を用意してもらわないと困るなあ」と、石塚さんは巨漢２人に挟まれて後ろの席で苛ついていたようだ。

しかしコンサートが始まるや、ジム・ホールはステージの上では別人と化した。やはり、世界のジム・ホールである。ゆったりしたようなギター演奏だが、しっかりと一音一音、音が立っていて凄いことをしている。津山に着いて時間は充分経っているので酔いも醒めているのだろうが、顔つきも全然違った。

アニタ・オデイも、あのドキュメンタリー映画「真夏の夜のジャズ」でまばらな観客を前に歌っていた初々しい頃と違って、今やジャズ界の姐御さながら、アドリブは常にバックミュージシャンをリードしていた。リッチー・コールがアルトで絡んでゆく。リッチー・コールも一時持て囃されたが、いつの間にかジャズ・シーンから消えてしまった。(どうしてかなあ?)

津山のギタリスト、植月学さんとコンサートを楽しんだ。私はジム・ホールに、ビル・エバンスとのデュオ・アルバム「アンダー・カレント」にサインをしてもらった。帰りは独りで運転して帰った。

富士通コンコード・ジャズ・フェスティバル

その年の10月には、ハンク・ジョーンズがレイ・ブラウンと岡山に来た。ハンク・ジョーンズといえば、ジャズの大名盤キャノンボール・アダレイ=マイルス・デイヴィスの「サムシン・

エルス」のピアニスト、グレイト・ジャズ・トリオのリーダーで、数限りない名盤に参加している。まさにビ・バップ、モダン・ジャズを作り上げたピアニストの一人だ。サド・ジョーンズ、エルヴィン・ジョーンズの兄でもある。

演奏は云々できるものではない。彼がジャズピアノそのものなのだから。顔は小さく、小柄で謙虚な姿勢は神々しくもあった。東谷さんの家で食事会をした。お酒は飲まない。ポラロイド・カメラを誰かが持ってきていたので、ツーショットを撮ってもらって、その写真にサインをいただいた。ハンク・ジョーンズは終始紳士に振る舞っていた。だから、場がくだけることもなく程よく解散した。気持ちよく家に帰って写真をポケットから出して見てみると、ポケットの中でこすれたのか、ツルツルの写真の表面のサインは擦れて消えてしまっていた。オーマイガー!!

その頃にはジャズ・フォーラム岡山は、オールアート招聘のミュージシャンの岡山の受け口的役割を果たすようになっていた。当時アメリカのウェスト・コーストでコンコード・ジャズというレーベルをカール・ジェファーソンという大富豪が立ち上げ、ギターやピアノ、ヴォーカルの上質なジャズを発表していた。オールアートはこのレーベルと提携して、富士通のスポンサーでコンコード・ジャズ・フェスティバルと銘打って全国ツアーを年1回のペースで始めた。

ジャズ・フォーラム岡山は、１９８７年第2回の富士通コンコード・ジャズ・フェスティバルを岡山で受けることにした。ジョージ・シアリング、フィル・ウッズ、アーネスティン・アンダーソン、コンコード・ジャズ・オールスターズというラインナップだ。

フィル・ウッズ（パーカー直系のアルト・サックス）のグループにトム・ハレルという新進気鋭のトランペッターが来ていた。無口で無表情だが、ステージでの演奏は素晴らしいプレイを聴かせてくれた。アスペルガー症候群だろうが常人以上の能力がある。ジョージ・シアリングは、ゴージャスなエンターテイメントとしてのジャズピアニストだ。盲目だが気品があって素晴らしいピアノ演奏を聴かせてくれる。アーネスティン・アンダーソンはコンコード・ジャズでカムバックを果たしたベテランシンガーだ。正にアメリカとかヨーロッパ、日本の東京か大阪でしか聴けないコンサートだった。

出井さんがコンサートの後、フィル・ウッズ一行をバードに連れて行った。出井さんは、何かにつけバードを贔屓にしていた。立ち上げの時、いろいろ尽力したことを聞いたことがある。バードの岡崎さんも大感激だった。その時のフィル・ウッズのサインは、いまでもバードのステージの後ろの壁に残っている。

１９８９年の第4回の富士通コンコード・ジャズ・フェスティバルには、アメリカの大スター、トニー・ベネットがやって来た。そのステージたるや、アメリカのショービジネス界の大御所という圧倒的存在感で、市民会館の後ろの席まで沸いていた。最後にマイクもＰＡもなしのアンプラグドでイタリア民謡、「サンタルチア」を謳い上げた。私は2階の入り口で立って聴いたが、その堂々とした凄い声量に、正に身の産毛がそそり立つ状態で全身が固まってしまった。翌朝、ホテルでトニー・ベネットに握手してもらったが、彼の全身からオーラが出ていた。その後、岡山音協の協力で富士通コンコード・ジャズ・フェスティバルを岡山シンフォニー・ホールで開催するようになった。その最初のコンサートがM.J.Q.（モダン・ジャズ・カルテット）だった。

M.J.Q.はジョン・ルイス、ミルト・ジャクソン、コニー・ケイ、パーシー・ヒースの4人で、ジャズとバロック音楽を融合させた画期的なコンセプトで室内楽的サウンドを創り上げ、多くのジャズファンを魅了してきたグループだ。苦虫をかみ潰したような顔でヴィ

MJQと一緒に

ブラフォンを叩いてゆくミルト・ジャクソンは、ブルースフィーリング溢れる演奏をするが、不思議とジョン・ルイスの上品なジャズピアノとマッチしている。音楽的なコンセプトはやはりジョン・ルイスのアイデアだろう。コンサートの終了後、ツーショットならぬファイブショットを小野大作さんに撮ってもらった。宝物だ。

いつしか富士通コンコード・ジャズ・フェスティバルは、岡山音協に引き継いでもらって、ジャズ・フォーラム岡山は協力団体として動くようになった。そして東谷さんからジャズ・フォーラム岡山の名簿を渡されて、私が管理するようになった。多分、東谷さんの体調がすぐれなくなっていたせいもあったのだろう。

オールアートの石塚さんは昔ドラマーをしていて、そのせいかピアニストには特にこだわっていた。「100 GOLD FINGERS PIANO PLAYHOUSE」というイベントもしていた。10人の有名ピアニストを呼んでピアノ・トリオの演奏とピアノの連弾をするという内容だった。ベイシストはレイ・ブラウン、ドラマーはルイス・ナッシュかジェフ・ハミルトンで通した。アメリカサイドでのミュージシャンのチョイスはレイ・ブラウンがしていたようで、毎年レイ・ブラウンはオールアートの両方のイベントに必ずいた。東谷さんともレイ・ブラウンは親しくしていた。

ハンク・ジョーンズ、トミー・フラナガン、バリー・ハリス、ケニー・ドリュー、モンティ・

アレキサンダー、ジュニア・マンス、ジョン・ルイス、ジーン・ハリス、ローランド・ハナ、シダー・ウォルトン、ケニー・バロン、秋吉敏子、レイ・ブライアント、ベニー・グリーン、ジャッキー・テラソン、リニー・ロスネス、サイラス・チェスナット、ホッド・オブライエン等と毎回、ピアノの巨匠と話題のピアニストのラインナップだった。

2回目の100 GOLD FINGERS PIANO PLAYHOUSEでは、岡山だけ山本剛が「＋1」で加わった。山本剛さんの世界の晴れ舞台だ。私はたくさんの有名ミュージシャンと楽屋で会うことが出来た。毎回打ち上げをしたわけでなく、大概メンバーはコンサートが終わるとホテルへ帰った。ヘレン・メリル、フランク・ウェス、ビリー・ハーパー、スコット・ハミルトン（彼とは、のちに別のコンサートをして親しくなった）、ランディ・ブレッカー、メル・トーメ、キャロル・スローン、グラディ・テイト、スー・レイニー、J.J.ジョンソン、ハリー・エディソン、ラッセル・マローン、ジョン・ピザレリ、ニーナ・フリーロン、ロバータ・ガンバリーニ等。

寺井尚子・山本剛と東谷邸で

ステージの写真を小野大作さんがたくさん撮って、来岡したジャズ・ミュージシャンたちの写真集を出している。それでも、岡山の人は飽きるのが早いのか、私たちの世代のジャズと、新しい世代のジャズの内容が変化していったのか、次第と入場者数は毎年減っていった。そして、２０１３年第28回を最後に幕を閉じた。

私がジャズ・フォーラム岡山の名簿管理を任された後も、東谷孝志さんは山本剛さんとは親しくされていた。私はホームパーティーで一度、山本剛さんと寺井尚子さんのデュオライブに参加したことがある。まだ、デビューしたての寺井尚子さんのヴァイオリンジャズは新鮮だった。ヴァイオリンはやはりクラシックのバックボーンが無ければ、ジャズ演奏は難しい。サラサーテの「ツィゴイネルワイゼン」をジャズで披露してくれた。しかし２００２年1月16日、東谷さんは2年程前から患っていた病のため、若くして逝去された。告別式の日は、山本剛さんも東京から駆けつけて来られ、追悼の演奏をした。レイ・ブラウンからも弔電が届いていた。岡山に世界のジャズシーンを届けてくれて、ホテルリマーニのシーサイド・ジャズ・ディナーショーなど華やかなジャズの楽しみ方も広めて頂いた、岡山の無二のジャズオーガナイザーであった。

石塚さんは、２００４年6月に米子の皆生グランドホテル「天水」でキャロル・ウェルスマンのライブショーのマネージャーとして、こちら方面に来られた。私は米子でジ

峰純子「プリ・モーニング」

ャズ・ライブの世話をされている日浦啓二さんからライブの機材の手配を頼まれ、ＰＡのプロサウンドの竹本衡平社長とご一緒した。ライブの後、天水のラウンジで石塚さんとグラスを傾けた。ちょうど、峰純子さんが亡くなられて間もない頃である。峰純子さんは、実は昔の石塚さんの奥方なので、それとはなしにお悔やみを申し上げた。別れたといえども感慨は深かったのか、直接の彼女の話には至らなかったものの、石塚さんとペギー・リーやらジョー・スタッフォード、ジュリー・ロンドン、ジョニ・ジェイムス等の白人の女性ボーカルの話を色々した記憶がある。天水のラウンジはカウンターから日本海が一望できるように大きなガラス張りになっている。日本海の静かな夜のとばりがどこまでも拡がっていた。

Ⅳ

岡山フリー・インプロヴィゼイション・クラブ

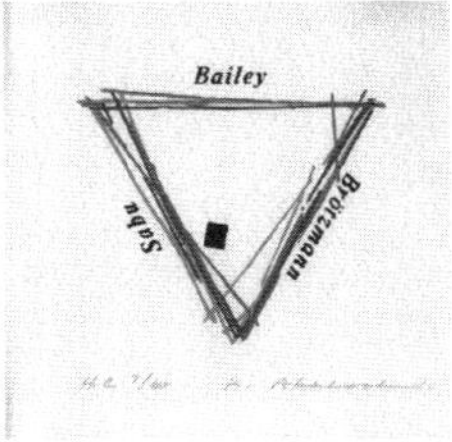

EVAN PARKER & BARRY GUY

1985年、オリエント美術館地下ホールで、岡山では初めてのヨーロッパ即興音楽のコンサートを主催した。エヴァン・パーカー、イギリスのサックス・インプロヴァイザーだ。私がLPコーナーに勤めだして、それまで触れたことのなかった音楽がフリージャズから進化したヨーロッパ即興音楽だった。INCUS、FMP、ICPとジャズ雑誌などでは、ほとんど紹介をされることもなかったレーベルだった。

シャインでバイトをしていた頃、藤井さんという岡山大学のフランス語の教授の奥さんもバイトをしていた。正月の元日は店は休みだが、「好きな音楽をかけて開店してもいいよ」というマスターの許可をもらった。普段はお客さんの様子を見ながら、遠慮がちに1枚か2枚ほどしかかけていなかったフリージャズを思う存分かけてやろうと、元日に店をオープンすることにした。すると、藤井さんも一緒に手伝ってくれることになった。というのも、彼女の旦那さんは、実はヨーロッパ・フリー・ミュージックが好きだったのだ。

その時私は、シャインの奥の席の裏に隠れていたセシル・テイラーやアンソニー・ブラクストンなどのレコードをかけたのだが、彼女はデレク・ベイリーとかエヴァン・パーカー等のレコードを持参してかけてくれた。シャインでは見たことのないレコードばかりで、その乾いた無機的な音の感触は、私にとっては初めてのヨーロッパ・フリー・ミュージックとの出合いであった。それから10年の時を経て、彼らに岡山で出会えるようになろうとは、当時は思いも寄らぬことであった。ちなみに、元日の客数は3人程だった。

EVAN PARKER & BARRY GUY の自主制作アルバムを、仙台の JAZZ&NOW の中村邦雄（故）氏が出していた。その発売記念コンサートみたいな感じで日本ツアーが企画された。発売記念といっても、このような特殊なレコードは何千枚も売れる物でもないので、これを機会にその新しいサウンドを実際に体験してもらうコンサート・ツアーだった。

岡山でも開催出来ないだろうか、と中村さんから問い合わせがあって、当時開館したばかりのオリエント美術館でのコンサートを思い立った。石造りの館内は、残響音がエヴァン・パーカーのサックスに合っていた。早速、岡大の藤井教授に相談して、オリエント美術館にお願いに行った。今ではオリエント美術館でのライブは1カ月か2カ月に1度開催されているが、当時は美術館でのコンサートなどは前例がないので、結局地下のホールを借りてライブをすることとなった。それも開館の時間内での使用ということで、何とか開催の目処はついた。

とは言ったもののエヴァン・パーカーなど当時の岡山の人は誰も知らない。ＬＰコーナーのお客さんでさえ知らない人が多かった。

お客さんの中で、塾の先生をしておられる津下修康さんは即興音楽にすごく興味を持っておられた。イベントの話をしたところ、二つ返事でスタッフに加わって頂けることとなった。ポスターとかチラシを作るにあたって、とりあえずこの主催者団体の名前を考えようと2人で色々と考えあぐねた。考えがまとまらない時は、散歩をする。2人で後楽園の辺りを散策した。結局、読んで字のごとく「岡山フリー・インプロヴィゼイション・クラブ」という名前に決めた。

コンサートの当日は午後2時という開催にもかかわらず、そこそこお客さんが入った。50人には満たなかったが、後から思えばこの手の音楽にしては大成功だった。反響板としてステージの床にボードを敷いた。コンサートが始まると、その初めて聴く純正インプロヴィゼイションのサウンドに場内は圧倒された。エヴァン・パーカーのソプラノ・サックスからほとばしる音は、背景放射のランダムで心地よいノイズのように途切れることなく淡々と続いてゆく。循環奏法というリード楽器の高度なテクニックを駆使しているのだ。

バリー・ガイのベースは、一見無茶苦茶に弾いているように見えるが、一音一音がシャープでしっかりとサウンドが立っていた。だから、ベースの音は綺麗に響いている。セシル・テイラーのフリージャズ・ピアノがそうであるように、無茶苦茶に弾いているようだが、いい加減な音は入っていない。彼の格闘技的演奏は、すべて確信犯なのだ。バリー・ガイのベースもそうだった。

コンサートの中休みの時、楽屋で後半の打ち合わせをした。「会場は4時までなので、それまでに終わるようにしてほしい」と言うと「アンコールはあるのか」とエヴァン・パーカーが訊いてきた。「アンコールはお願いします」と、答えると「最後の5分で、アンコールはブラックホールのように凝縮した演奏にするよ」と、エヴァン・パーカーはニヤリと笑った。

時間通りに演奏は4時に、ピタリと終わった。オリエント美術館の開館時間内に、会場を完全撤収しなければならないので、すぐに片付けに入った。すると反響板で用意したボードの上に血がたくさん飛び散っていた。エヴァン・パーカーのサックスのタンギングがあまりにも激しいので、口の中が切れたまま演奏していたのだ。だから、あんな超人的なサウンドが出るのだ。と、私は心の中でつくづく納得した。

その夜は、タラモアデューというお店で打ち上げをした。スタッフ以外にもお客さんの参加が何人かあって、その中に小峪祥孝さんという津山市加茂町で林業を営んでいる方が来られていた。彼はドイツのメールス・ジャズ・フェスティバルに行って来られたようで、フリージャズに興味を持っておられた。メールスで、「ジャズ批評」に執筆されてる評論家の副島輝人さんと知り合いになったということで、私を是非副島さんに紹介したいと申し出て下さった。私も願ってもない縁にあやかり、副島さんの連絡先を教えて頂いた。これが、それから長く続いた副島さんとの出会いのきっかけとなったのだ。

2時間ほど続いた打ち上げが終わって、ミュージシャンを見送った後、宴の後のタラモアデューに戻って、私は独りでカウンターに座り、いつものカナディアンクラブをロックで頼んだ。長かった一日の心地よい疲れに、身をまかせた。

エヴァン・パーカーと再会(2016年)

ジャズ評論家、副島輝人さんとの出会い

エヴァン・パーカーのコンサートから1カ月もたたないうちに、私は副島輝人さんに連絡をとってみた。副島さんは「メールス・ジャズ・フェスティバル」というドイツのメールスとい

う小さな町で毎年開かれる前衛ジャズ・フェスティバルの報告会を、呼ばれる所があれば全国どこでも、８ミリ映像をひっ下げて出向いていた。そういえば「MORES」というドイツのジャズ・レーベルがあった。それがメールス・ジャズ・フェスティバルのレーベルなのだ。

私はさっそく副島さんに、岡山でのメールス・ジャズ・フェスティバルの報告会をお願いした。そして、会場は当時岡山中央郵便局前にあった「いんでいら」というパブレストランですることにした。その頃、ＬＰコーナーでアルバイトをしていた真鍋さんという岡大の女の子が、夜はそこでアルバイトをしていた。また、「いんでいら」チェーンの社長、出井さんの便宜もあってそこに決めたのだが、「メールス・ジャズ・フェスティバルの報告会」などに生演奏があるわけでもなく、結局観客は10人も来なかった。しかし、今の世界の前衛ジャズ、というよりも前衛即興音楽の状況は、私にとっては興味の尽きない内容だった。

メールスだけでなく、４年に１度あるドイツのカッセルで行われる前衛アート・フェスティバル「ドクメンタ」（現在は5年に1度）にも副島さんは参加されて、８ミリ映像に収めて来られていた。メールスのクリスチャン・マークレー、デイビッド・モス、ジョン・ゾーン率いる集団即興音楽「コブラ」等々、いままでのフリージャズというカテゴリーを超えた新たな音の表現に、副島さんとの会話のやり取りは終わることがなかった。そしてドクメンタのヨーゼフ・ボイスのハプニング・アートや、ジョナサン・ボロフスキーの空を仰ぐオブジェ等、新しい発想によるアートの表現に音楽と同じイデアの拡張とでもいう斬新さが感じられた。さすがにドイツだ。もちろんドクメンタも前衛アートだけでなく期間中は前衛ジャズも演奏されていたようだ。

副島さんの前衛音楽や前衛アートに対する切り口というのが実に判りやすく、それはよくある評論家の専門用語を並び立てる解釈でなく、現場主義というのか現場を体験して現場に即した副島さん独特の解釈なので説得力があった。いつの間にか店の閉店時間になり、それでも会話が止まらない。津下修康さんも、当時付き合っていた彼女（今の奥さん）と会話に参加していた。とりあえず会は解散した。しかし私と津下さんは話し足りなくて、彼女と3人でそのまま副島さんの宿泊しているホテルの部屋まで付いていった。

普通なら初対面で迷惑な話だが、意気投合したのか副島さんも色々な引き出しを出してくる。すると、おもむろにかばんの中から、高柳昌行さんと一緒に北海道を車でツアーした時の8ミリ映像を出してきた。北海道の道路脇の白樺の映像が延々と無意味に映っている。そしてツアーの途中だろうか、無人の山小屋のような所で高柳さんはしきりと一斗缶を棒きれで叩いている。それも高柳さんの音楽パフォーマンスといえばそうだが、観客はいないから音楽パフォーマンスではない。しかし、その映像は生前の高柳さんの心象風景を記録した貴重な映像だったと、私はいまでも思っている。

話し疲れて朝方4時頃だったか、私たちは副島さんに別れを告げてホテルを後にした。津下さんの彼女には、よく辛抱に付き合って頂き申し訳なかった。その北海道の8ミリは「北方譚」と後々副島さんは命名していたようだ。そのことは、つい最近副島さんの遺影にお参りした時、副島さんの奥さんから聞いた。そしてその時のツアーの運転手は、まだ若き大友良英さんだったそうだ。大友さんとは後々、様々な岡山フリー・インプロヴィゼイション・クラブのイベントに参加してもらった。今から思えば奇妙な縁《えにし》だったのだ。

ペーター・ブロッツマン＝デレク・ベイリー＝豊住芳三郎（ペーター・コバルト）

その後、副島さんからペーター・コバルトのソロベースをしないかと話があった。その頃、シャインはベースの小島裕俊さんが経営していた。相談すると、二つ返事で一緒にやろうということになった。

即興のベースソロのライブは岡山では初めての試みだった。ペーター・コバルトはヨーロッパのフリージャズ・シーンでは、中堅どころのミュージシャンだ。当日の観客は10人以上入って、そこそこの雰囲気になった。ヨーロッパの弦楽器奏者のレベルの高さは、やはりすごいものがあった。しかし3時間以上に及ぶライブは観客には、少しきつかったようだった。

そんな活動をしていると、豊住芳三郎さんから連絡があって、ペーター・ブロッツマンとデレク・ベイリー、そしてドラムは豊住さん本人でライブができないだろうかと連絡があった。ペーター・ブロッツマンといえば、ヨーロッパ最強のテナーサックスのインプロヴァイザーだ。そしてデレク・ベイリーは、即興音楽のギタリストでは最高で孤高のミュージシャンだ。なんとしても岡山公演を実現したいと、思ったもののどうするか……。

フリージャズ、フリー・インプロヴィゼイションなどは、一般のジャズファンからすれば異端の音楽だ。しかし音楽の先端であり、新しい音楽への挑戦でもある。チャーリー・パーカーやディジー・ガレスピーが始めたビ・バップのムーブメントも、当初は評論家たちからは批判的な意見しかもらえなかった。それでも若いジャズファン、音楽ファンからは支持を得たのだ。その影響は音楽だけでなく、当時のアートや文学にも大きな影響を与えた。ヨーロッパで始動しているフリー・インプロヴィゼイションというジャズから進化した音楽を、日本の岡山という地方都市で如何に伝えていくかは、かなり高いハードルに思えた。

このブロッツマン＝ベイリー＝豊住のライブをどこでするか。50人以上は入らないと開催は難しい。フリージャズ、前衛音楽ファンだけでは50人も入らない。既存の音楽を解体して、音楽の成り立ち、音の本質に戻って新しい音楽の形を創ってゆく作業。それは音楽だけでなく、前衛アート、創造的アーティストにも共通する方向性ではないだろうか。岡山の音楽シーンより芸術の分野でこのヨーロッパ即興音楽を紹介できないものだろうかと思った。

会場は「エクサンプロヴァンス」という舞踏家の山崎繁男さんが経営する喫茶店に決めた。紹介して頂いたのが岡山のシルクスクリーン作家、伊永和弘《これながかずひろ》さんだ。小柄で口ひげをはやした、いつもにこやかな山崎さんは、若い頃フランスのエクサンプロヴァンスでパントマイムの勉強をしていた。私たちより一世代上の文化人だ。マスターは笑顔で快諾してくれた。告知のポスターは、伊永さんがシルクスクリーンで制作してくれた。

ライブ当日、岡山駅に津下さんと車2台で3人を迎えに行った。サックスのヘラクレスといわれたペーター・ブロッツマンは、いかにもゲルマンの猛者という感じで髭を顔半分に蓄えて岡山に降り立った。デレク・ベイリーは、プロフェッサータイプの神経質そうな目をしたジェントルマンだった。しかし、ブロッツマンの目はそのいでたちに似合わない程カワイイ目をしていた。

会場に入って、リハーサルが始まる。踊り場の2階にあるアトリエ兼事務所を控え室に空けて頂き、私たちはケイタリングの準備をしていた。するとマスターからジョニ赤の差し入れをもらった。私は「これは、打ち上げで呑めるぞ」と、内心ほくそ笑んだ。

リハーサルが終わって会場準備。ミュージシャンたちは控え室で本番の準備に入る。入場者は70~80人集まった。店内は立ち見も出るほどの混雑だった。いよいよ演奏が始まると、サックスの音の凄さにみんな驚いたようだ。店全体がサックスの咆哮で鳴り響いた。後で聴いた話だが、隣近所の人たちも何事が起こったのかと飛び出してきたそうだ。マスターも慌てて外に出て、お詫びして回ったそうだ。

デレク・ベイリーの繊細なギターは、ソロが回ってくるまでは聴き取りにくかったが、緻密な音の連なりは、ギターの弦楽器としての音の存在感がドライに折り重なってゆく。豊住さんのドラムは、やはり日本人の打楽器のグルーヴが出ている。それがかえってヨーロッパと東洋の混在としてINCUSやICPとは違ったサウンドを醸し出していた。

1部が終わり、休憩に入った。やはり、何人かのお客さんは思っていた音楽とは違ったのか帰られた。立ち見のお客さんは座ることが出来た。私は2部の始まりを告げに2階の部屋に上がった。ミュージシャンたちは降りて行き、2部が始まった。私は緊張の糸が少しほぐれたのか、椅子に座り込み控え室で演奏を聴いた。目の前のテーブルの上には、サンドイッチやらスナック、珈琲、紅茶の飲食の後がそのまま放置されている。ふと見ると差し入れのジョニ赤が半分以上減っているではないか。ブロッツマンがバッカス並みの酒豪だとは聞いていたが、お茶のようにウィスキーを呑んでいたのだ。それで、あれほどの演奏をするのだから世界には凄い人がいるもんだ。

ライブは9時過ぎには終わった。そのまま、エクサンプロヴァンスで打ち上げとなった。マスターの手料理がテーブルを埋めて、十数人でその日の労をねぎらった。デレク・ベイリーは食事を済ますと、先にホテルへと帰ると言ったので、津下さんが送っていった。津下さんはデレク・ベイリーの大ファンだ。ブロッツマンはジョニ赤を1本空けたにもかかわらず、ビールやらウィスキー、日本酒と底なしに呑んでいた。ミュージシャンたちも帰ってお開きとなった。店の片づけを手伝おうとすると、「片づけは明日、店のお手伝いさんとするから、もう帰ったらいい。それでもあんたは、人の家に土足で入って来て、とんでもないことをする人じゃ」と、笑みを浮かべながら言い放った。その言葉は、マスターが、今日のハプニングを快く受け止めてくれたように響いた。

後日、山崎さんと2人で呑みに行った。着流しで来られて、「ふじわら」という芸者だった上品なおばあさんが娘としている、酔狂な店に連れて行ってくれた。「あんたは、岡山にいろいろな外国のアーティストを連れてくるだろう」と、意味深なことを私に告げた。その後、エクサンプロヴァンスには色々とお世話になったが、その縁《えにし》で、キム・デ・ファンという韓国のパーカッショニストと山崎さんが舞踏で共演するというイベントが岡山で出来た。やはり、山崎さんは岡山のアーティストだったのだ。

ペーター・ブロッツマン＝羽野昌二の城地下パフォーマンス

デレク・ベイリーは岡山公演の後、ツアーの途中にもかかわらずイギリスへ帰ったらしい。だからこの3人の演奏は貴重なライブとなった。10年以上経って、この時の演奏がＣＤになっている。当時お客さんで来ていた古川みちやさんが録音していて、２０００年にKouichi Ohshimaさん主催のImprovised Companyという自主レーベルから「Bailey-Brotzmann-Sabu」というＣＤで発売となっている。私はペーター・ブロッツマンとは縁があったのか、数年後また岡山でパフォーマンス・ライブをすることとなった。今度はドラムの羽野昌二さん

ペーター・ブロッツマン

が連れてきた。

岡山の城地下道の噴水の横でパフォーマンス・ライブをすることにした。ＰＡも入れずにアコースティックでのストリート・ライブだ。「サックスのヘラクレス、ペーター・ブロッツマン

羽野昌二、ペーター・ブロッツマン＝城地下

来岡！」と山陽新聞にも大きく取り上げられ、RSK（山陽放送）の夕方の番組にも出演した。ところが本番直前まで2人ともどこかに出かけてしまい、5分前にスタジオに入ってきた。少し冷や汗ものだったが、本番ぶっつけで出演した。それも即興パフォーマンスだった。

この時は杉本義浩さん夫妻が協力してくれて、各方面へ声掛けして頂いた。そんなお陰もあってか、その日は結構な人が集まった。演奏が始まると、地下道はちょうど吹き抜けになっているので、「一体なにが起こったのか」というほどの爆音が、城下一帯に響いた。その音でも人が集まり、みるみる黒山の人だかりとなった。

羽野さんのフリーフォームのドラミングも、ブロッツマンの迫力と対等に渡り合っていた。本人曰く、ポリリズムのドラミングだそうだが、演奏が始まって終わるまで、5、6歳の男の子が真正面の最前列の席で2人の演奏に釘付けになっていた。子供の感性は誤魔化せない。本物の音を出しているのだ。確かに、2人とも凄い気迫でもって音の掛け合いというのか、格闘を続けていた。2人のアバウトな性格が上手くシンクロして、即興音楽の面白さが増幅されているのだ。その当時、ヨーロッパのジャズフェスティバルで、2人のパフォーマンスが話題となっていたのが納得出来た。演奏は1時間少々で終わった。不特定多数の一般の人相手ではこれくらいの時間がちょうど良いのだ。

路上パフォーマンスなので、投げ銭カンパでお金を集めた。杉本君が一生懸命集めていたので、私はいくら集まったかは詳しく知らないがギャラは充分集まったようだった。内容も集客も結果としては大成功だった。その夜は、ブロッツマンと羽野さんとでバードに行って呑んだ。アフターアワーのプレイは無かったものの、昼間の演奏の興奮が醒めやらなかったのか2次会、3次会とアルコールが進んだ。結局、最後は山田俊哉さんことサブちゃんの屋台で夜が白むまで、私はブロッツマンと2人で呑んでいた。お互い片言の英語で、一体何を話したのかよく覚えていないが、何故か話が通じていたようだ。呑み疲れた2人は千鳥足でお互いの寝床に帰った。

次の日は、オフで2人とも空いていたのだが、羽野さんは1人で岡山をブラブラした。私はブロッツマンを連れて知人の中山下で開業医をされている飛岡先生と3人で瀬戸大橋に出かけた。与島のインターチェンジを降りて、まだ二日酔いが抜けない2人はボォーとしながら瀬戸大橋の絶景を仰ぎ見た。すると、ブロッツマンが一言「オー、クレイジー！」確かに日本人はこんなでかい橋を造って、クレイジーな民族だ。私も「シュアー！」と応えた。ブロッツマンも昔、絵を描いていたそうだ。何となく、ブロッツマンの素顔を垣間見たようなクレイジーな2日間であった。

羽野さんはその後、ドイツのヨハネス・バウアーというトロンボーン奏者を連れて来たことがある。その時は美星町の川上さんが、家具屋で彼らのパフォーマンス・ライブをセッティングしてくれた。どことなく育ちの良いヨハネス・バウアーは、クラシック上がりの即興ミュージシャンだった。音はシャープで説得力がある。しかし羽野さんは、どちらかというと肉体労働のあんちゃんという大雑把なキャラなので、その対照的な個性のアンバランスもまた面白いものがあった。しかし羽野さんのドラムのルーツは、実はマックス・ローチなのだ。

そんなこともあって、羽野さんは岡山に懐いてしまった。岡山というより、LPコーナーの私に懐いたのだろうが……。2、3日竹本さんのスタジオに寝泊まりしたこともある。羽野さんをファシリテーターとしてシャインで、フリーミュージックのワークショップもしたことがある。その時、津下さんがデレク・ベイリーばりのギターを披露してくれた。また、よく広島の庄子勝治さんという即興のサックス奏者が、羽野さんのイベントに参加してくれた。牛乳屋さんをしているので、演奏が終わるとそのまま夜中に車を飛ばして広島に帰って仕事をする。見上げた根性の持ち主だ。今でも広島瀬戸内界隈で活躍している。

赤田君といえば、とりあえず自分が出演出来そうな所には勇んで参加していた。そしてLPコーナー界隈にフリーミュージックの仲間が、いつの間にか集まって来るようになっていた。岡山の

姜泰煥（カン・テー・ファン）＝コリアン・ジャズ・サックス

「平井さん、韓国に凄いサックス奏者がいるよ」副島さんから電話があった。当時、私は日本の新しいジャズのあり方、アジアの新しい音楽のあり方を探していた。高橋竹山がベルリン・ジャズ・フェスティバルに出演して、津軽三味線がヨーロッパに大きな震撼を与えた。日本の瞽女《ごぜ》の過酷な生活が、ジャズやブルースに通じるスピリチュアルな音楽を産んだのだ。

山田千里の弟子の佐藤道彦という津軽三味線の演奏者が、津軽三味線の即興でフリージャズとセッションしていた。その源流には、尺八の山本邦山の「銀界」がある。横倉裕（YUTAKA）というアレンジャーで琴・キーボードの奏者がアメリカのデイブ・グルーシン＝ラリー・ローゼンのGRPレーベルから、コンテンポラリーなオリエンタル・フュージョンを発表していた。この流れはアメリカのコンテンポラリーミュージックとして、HIROSHIMA、松居慶子へと続いている。

その頃、喜多郎のシンセサイザーも世界で話題となっていた。そして私は、後述の「公園まつり」で上々颱風を目の当たりにして、日本＝アジアのサウンドのあり方を意識するようになっていた。そんな矢先の副島さんからの電話である。世界の最先鋭のフリージャズ、フリー・インプロヴィゼイション・ミュージックを紹介し続けている副島さんの推薦するミュージシャンだ。姜泰煥（カン・テー・ファン）/as.、金大煥（キム・デファン）/perc.、崔善培（チェ・ソンベ）/tp.のトリオだ。なんとか聴いてみたいと思った。

エクサンプロヴァンスの山崎さんが、この時も快く店を提供して下さった。しかし、私はまたしても頭を抱えた。韓国のフリージャズなど、LPコーナーでも扱ってないジャズだったので集客の見込みはなかった。公演も岡山と東京だけだ。前座を据えることにした。高さんが、大阪から石田長生さんを呼んでくれた。そして、岡部春彦という香川のテナー・サックス奏者。彼はR&Bからフリージャズ・サックスに転向して、豪快に吹きまくるサックスだ。こうして姜泰煥トリオの日本初、岡山初のライブは30人にも満たない観客で始まった。

石田長生さんは、チャーと組んでいるギタリストだ。ジャズギタリストしか知らなかった私は、彼のギター・ソロに唸った。岡部さんは思いの丈、サックスを吹きまくった。そして、姜泰煥トリオの演奏が始まる。

金大煥のパーカッションから始まった。手の指の間に2本も3本ものスティックを挟んでスネアのようなおおぶりの太鼓を打ち鳴らしながら、崔善培のトランペットと絡みながらうねるようなフリージャズになってゆく。姜泰煥はステージの中央にあぐらをかいて座り、サックスはサーキュレイション奏法（循環奏法）で音が途切れることがなく繋がっていく。金大煥のリズムは従来のジャズやロック、クラシックなどのリズムでなく、妙なグルーブを醸し出していた。

同じ東洋のフリージャズだが、日本のフリージャズとはノリが少し違う。韓国の民族音楽に「クッ」というのがある。サムルノリよりも複雑な構造をしている。そんなグルーブが根底にあるのだろう。感動というよりも、初めて出合うコリアン・フリージャズと、姜さんのサックスの音色に新しい東洋の音の可能性を感じた。

翌日は一日、副島さん、姜さんたちは空いていたのでヨメさんと岡山を案内した。金大煥さんは実は凄い人で、韓国のグループ・サウンズ協会の会長を経て、著作権協会の会長をしている。そして、細刻師としても有名で、細筆で米粒に般若心経を書くというとんでもない技も持っている。

彼は、どんなに夜が遅くても毎朝6時には起きて般若心経を唱える。そして米粒に書く時は、「気」を集中させてイメージを一気に筆先に持ってゆき一瞬に書いてしまうそうだ。ギネスにも認定されている。それでも、全然偉そうでない。ちょっと大柄でファンキーな肉体労働のオヤジというふうでたちだ。「それだから、本当に凄いんだよ」と、副島さんが耳打ちした。

市内をブラブラしている時、「モーガン」というクラシック・カーを玄関に飾っている喫茶店の前をみんなで通った時、金さんが急に立ち止まってその車に見入っていた。すると「私はこの車が気に入ったので、ここの主人に頼んで譲ってもらいたい」と言い出した。みんな慌てて、金さんをなだめてその場を離れた。

なんでもその昔、金さんは結婚したての頃、オートバイのハーレー・ダビッドソンが欲しくて、家を売ってハーレーを買ったらしい。もちろん、奥さんはカンカンに怒ったが、そんなことは本人は一向に気にしなかった。今は奥さんの方が、金さんよりもハーレーを大事にしてくれるそうだ。ハーレーにまたがった金さんの勇姿は2枚組の自主CDアルバム「黙雨」の裏ジャケットに写っている。

また金さんは、「ピース・ライダー」と銘打って、ハーレーに乗って韓国からパリへ、ユーラシア大陸横断を果たしている。日本でも、ピース・ライダーで全国縦断している。「大物」は考え方、行動力が常人とはチョット違う。この日本のライブ・ツアーから金さんは独自で日本に呼ばれ、梅津和時さんや鬼怒無月さん、山下洋輔さん、おおたか静流さん等様々な日本のジャズメンと共演している。

そして、エクサンプロヴァンスの山崎さんも、毎年開催している彼のパフォーマンス・イベントで金さんを呼んで、彼のパーカッションで踊っている。その時の打ち上げで、内田治さんという岡山の針師のギタリストとフリー・セッションをした。刺激的な共演だった。そして、2004年肺結核でこの世を去った。未だにミュージシャンやファンが、金さんを偲んでライブやイベントをしている。

一度、ピース・ライダーで岡山を訪れた時、久々に出会った。私のことも憶えていてくれて、久しぶりの再会を2人で喜んだ。素晴らしい人だった。ちなみに、姜泰煥さんと金大煥さんは、親戚でもある。

姜泰煥さんはその後何度か岡山公演をした。サックス・ソロをエクサンプロヴァンスで、白石かずこの現代詩の朗読とのコラボレーションを岡山吉備路文学館で、サインホ・ナムチャラックとのデュオをオリエント美術館で、大友良英＝姜泰煥＝ネッド・ローゼンバーグとの「万華鏡」ライブをペパーランドで。広島で佐藤允彦と高田みどりとの「トム・クラミ」の即興演奏会、島根の松江の「ウェザー・リポート」というジャズ喫茶でサックス・ソロと、サインホ・ナムチャラックとのデュオのCD制作。全て副島さん絡みのイベントだったが、毎回姜さんのサックスは微妙に進化していた。毎回それが楽しみで、主催をしたり一緒にツアーに同行したりしたものだ。

姜さんの演奏は最初からフリー・スタイルではなかった。最初はスウィング・ジャズ・オーケストラを率いる韓国でも有数のスウィング・ジャズ・ミュージシャンだった。20代前半は、アメリカの大使館でスウィング・ジャズを演奏していた。しかし大使館員は、姜さんと彼のバンドをぞんざいに扱っていた。とうとう堪忍袋の緒が切れた姜さんは、イントロだけを演奏してそそくさと楽器を片付けて引き揚げてしまった。すると、アメリカ大使館は「姜さんのバンドを使うな」というお触れを韓国内に出した。当然、姜さんはジャズの仕事を無くしてしまった。

姜さんはその大使館に出入りしていた頃、ゴミ箱に捨てられていたレコードを拾って持ち帰っていた。おもむろにそのレコードを聴いてみると、その内容に愕然としてしまったそうだ。そのレコードとは、ジョン・コルトレーンの「オム」だった。それからというもの、姜さんは自分の新しいサックスのスタイルを探求していった。

仕事は金さんの紹介で、ダイヤモンドのカット職人として生計を立てていった。そして姜泰煥＝金大煥＝崔善培トリオで活動を始めた。しかし、毎回観客は10人にも満たない閑散としたライブだった。ある日、観客は誰も来なかった。その日は、演奏はせずにションボリと3人で帰ったそうだ。

それでも姜さんはサックスの練習を怠る日は無かった。姜さんの練習は、自分で音をイメージしてサックスを吹かずに指使いを練習する。そして最後にイメージ通りの音が出ているかどうか、実際にサックスを吹いてみるそうだ。まさしくイメージ・トレーニングだ。彼のアルトサックスの音は、日本の禅や能に通ずる東洋の深遠な世界が拡がっている。私は姜さんの東洋の新しいサックスの表現に、惚れ込んでしまった。

姜泰煥＝サイン・ホ・ナムチャラックデュオとウェザー・リポートの長友さん

姜泰煥のソロ・ライブをエクサンプロヴァンスでした時、松江の「ウェザー・リポート」というジャズ喫茶のマスター、長友貴郎さんが松江から来られた。たまにLPコーナーに来られてはHathut Recordsを買っていたオシャレで個性的な爺さんだった。Hathutレコードはスイスの前衛ジャズから現代音楽まで手がけるレーベルで、ジョー・マクフィー、ジョン・ゾーン、アンソニー・ブラクストン、モートン・フェルドマン、ジョン・ケージ、スティーブ・レイシー、マイク・ウェストブルック、マイラ・メルフォード等、かなりハイレベルな前衛音楽をプロデュースしていた。内容もさることながら、録音もハイクオリティな技術を持っている。スイス銀行がスポンサーだとか、噂を聞いたことがある。実際、商業的には成り立たない内容だ。

その録音に惚れ込んで、Hathutのレコードをコレクションしていたのが長友さんだ。山陰では伝説的なオーディオを揃えているジャズ喫茶だが、そのオーディオ装置を揃えるきっかけとなったのが、Hathutレコードだった。その音の鋭さ、歯切れの良いリズム、突然の音の立ち上がり、そして深遠な響きや時空を切り裂くような演奏を再現するために、NASAの技術者M．コッターに頼んでプレイヤーを特別に作ってもらい、6台のマッキントッシュのアンプを使ってスピーカーひとつひとつに繋げるという徹底ぶり。3種類のオーディオ装置をもっていて、普段の営業は昔のシャインと同じJBLのランサーを鳴らしていた。夜のヴォーカルタイムはパイオニアのスピーカーを上品に鳴らしていた。

そして、渾身のオーディオ装置は隣のパチンコ屋の定休日に、朝からみそぎをしてアンプを温めてから昼過ぎにマスターのお目にかなった客だけを入れて、Hathutの前衛ジャズを目一杯の音で聴くのだ。その音の大きさから機動隊が押しかけたことがあるそうだ。それでもマスターは動じなかった。「音は空中にそのまま放った方がいい」と。それからなぜ「パチンコ屋の定休日」かというとパチンコ台のコンピューターから電気にノイズが入るからだ。

そして伝説として語り継がれている逸話がある。この話は、LPコーナーのお客さんで長友さんと親交のあった倉敷の藤原慎作さんから聞いた話だ。

ある夜、中国電力のお偉いさんがお客さんとして来て、一番イイ装置を鳴らして欲しいと威圧的に頼まれたらしい。すると、「この装置で鳴らす音楽は、お客さんには合わないと思います。

それと、中国電力の電気は汚れていますからネェ」と丁寧にお断りしたそうだ。すると翌日、中電の作業員が来て店の前に電柱を立てて大きな配電盤を店の横に備え付けた。そして電柱のトランスから直接その配電盤に電気を引いていったそうだ。マスターは、果たして如何ほど請求が来るものかと構えていたそうだが、工事代の請求は一切来なかったそうだ。

そんな長友さんが、姜泰煥のサックスに惚れ込んでしまった。長友さんは姜泰煥のソロ・コンサートをウェザー・リポートで開催した。その時、山口のドラマー一楽儀光さんが来られていたのだ。そして、副島さんが「次に姜さんとサインホ・ナムチャラックさんとのデュオはどうだろうか?」という話になって、長友さんが「ウェザー・リポートで2人のデュオのCDを作ろう」ということになった。私も、「残響音のイイ岡山のオリエント美術館でコンサートをしよう」と、話に一枚乗ってしまった。

サインホ・ナムチャラックさんはホーメイという音声の倍音を重ねて発声するモンゴル民謡独特の唱法をマスターしているヴォイス・インプロヴァイザーだ。ウィーンに在住していて、普段はヨーロッパで活動している。大地の底から絞り出すような声で、女性の情念を表現する。般若の面のようにおどろおどろしくもあり悲哀でもある。男性はちょっと退いてしまう。そうかと思えば、小鳥のさえずりのような可愛い声も出す。レコード盤を帽子のように頭に着けてステージに立つ、ユニークなミュージシャンだ。

一度、副島さんと3人で岡山の海鮮居酒屋に食事に行った。刺身を見ると食べられないと言う。モンゴルでは、魚は川に住む神聖な生き物で生で食べるなど考えられないらしい。そして海老の踊り喰いを見るや、大声をだして驚いた。「生きたまま食べるなんて日本人はなんて野蛮な人種なんだ。信じられない」と呆れられてしまった。「ジャンピン・シュリンク、ジャンピン・シュリンク」としきりに騒いで、この驚きを曲にすると言っていた。彼女には煮魚と、サラダを用意してもらった。副島さんと2人で目を合わし苦笑いをした。

店を出て帰りしな、「モンゴルには海が無いから海を見たい」と言い出した。地図で見ると、日本は海に囲まれているから20〜30分も歩けば海が見えると思っていたらしい。子供のように純粋な感性の持ち主だった。

姜さんのウェザー・リポートでのソロ・ライブの翌日、私と副島さんと姜さん、長友さん、そして今回は助手が1人付いて来ていて、5人で山陰の観光を兼ねて出雲大社に出向いた。助手といってもあまりフリー音楽が好きそうでもない中年の御仁だった。小さなカセットデッキを持ってこのツアーに参加している。聞いてみると、精神科の病院で介護の仕事をしているという。「私は、姜泰煥さんの音楽はよく判らないのですが、私の担当している重症の女性の患者さんが手が付けられないくらい暴れることがあるのですよ。その時、モーツァルトを聴かせると10分くらい大人しくなるのです。しかし姜泰煥さんのサックスを聴かすと、1時間くらい大人しくしているのですよ。だから私はずっと姜泰煥さんの音楽を録音するために付いて回っているのです」と、話してくれた。

そういえば私も、仕事やライブの世話で心身ともに疲れた日は、ボーッとソロ・サックスのエヴァン・パーカーや姜泰煥を聴いている。すると、いつの間にか気持ちよく寝てしまう。エリック・ドルフィーが「鳥のさえずりのようにサックスを吹きたい」と言っていた名言を思い出した。

長友さんは蕎麦が好きで、昼はみんなで出雲蕎麦を食べた。姜さんはいつも「ちゃぷちゃぷ」と言いながら食べる。「ちゃぷちゃぷ」とは韓国語で「おいしい」という意味だそうだ。この姜さんの言葉を取って、山口の末富健夫さんは自主レコードのレーベル名を「ちゃぷちゃぷ・レコード」にしたのだ。

姜さんとは、片言の英語か筆談で話をした。すると少々込み入った話も出来る。深層心理の音楽、潜在意識の音楽について話をした時も、言葉は通じないが「深層心理」とか「意識下」と紙に書くと判ってもらえる。同じ漢字圏の面白さだ。そして、出雲大社の境内に入るとちょうど、巫女の踊りと雅楽が演じられていた。姜さんは立ち止まって雅楽に聴き入っていた。すると、メモを取り出しなにやら書いて私に見せた。「平井さん、この音楽、日本の君が代と同じコード、なるよ」と、説明してくれた。そういえば、「君が代」は神社で流れる雅楽と酷似している。日本と韓国の歴史の重みを感じながら、私は姜さんの言葉にうなずいた。

姜泰煥さんとは、最初の来日のコンサート以来ソロ・ライブを2回、白石かずこさんとの岡山吉備路文学館での「詩の朗読とサックスとのデュオ」と、4度岡山で公演をした。そして、次のサインホ・ナムチャラックとのデュオで、5回目となる。毎回、来る度に新しい演奏形態を聴かせてくれる。

白石さんとのデュオは鮮烈な体験だった。白石さんの詩の朗読は、まさしく詩が「言霊」となって姜さんのサックスと融合して躰に入ってきた。目から鱗である。そんな姜泰煥さんはステージから降りると、近所の人の良いあんちゃんという感じで、全然気取った風もない人柄だ。「だからいいんだよ」と長友さんも褒めていた。果たして、サインホ・ナムチャラックとのデュオは如何なるものとなるのか、異種格闘技でも見るような興奮を覚えながら、私はその日のうちに島根から岡山に帰った。


私は早速、オリエント美術館を訪ねた。すると美術館の館長は植田心壮さんで、私の小学校の時の恩師だった。オリエント美術館は、もともとオリエントの遺跡の展示場でコンサートホールではないので、なかなか許可が下りないのだが、植田先生は快く姜泰煥とサインホ・ナムチャラックとのデュオのコンサートを美術館で開催することを許可して下さった。教員を辞められて市の教育委員会の関係でオリエント美術館の設立に尽力されたそうだ。オリエント美術館は故三笠宮崇仁殿下とも交流があったようで、先生は殿下からの書簡もお持ちになっている。先生から「国際的な文化活動だ」とえらく褒められ、何かとご協力頂いた。

１９９３年3月コンサート当日、美術館の中央は2階の展示場へ吹き抜けの構造で天上が高いため、サックスの残響音がちょうど良い具合に響いて幽玄な音がする。当日は１００人も入らなかったが、そこそこ良い感じで人が集まった。

姜泰煥のソロ、サインホのソロと続き2人のデュオが始まった。サインホの女性の喜怒哀楽をあからさまに表現してくるヴォイスに対し、姜泰煥は静かに音を絡めていく。そして次第と強弱を付けたアルトサックスの音色は、彼女をおおらかに包んでいった。男と女のあり方を音で表現したコンサートだった。さすがに姜泰煥さんである。

私は、3月8日のウェザー・リポートでの公開録音ライブにも参加した。ジャズとオーディオにこだわり続けた長友さんが、東洋ならではの質の高いコンテンポラリーミュ

姜泰煥＆SAINKHO NAMTCHYLAK
LIVE1993

ージックを世に残すこととなったのだ。CDが出来上がったのは半年くらい後であった。エンジニアは川崎克己氏が務め、ジャケットのデザインも内藤忠行氏が手がけてくれて、正にサインホ・ナムチャラックと姜泰煥の音楽を絵で表現したデザインだった。

その録音の素晴らしさは、ヨーロッパのオーディオ雑誌でも取り上げられた程だった。しかし1000枚しかプレスしなかったので今や幻のCDとなっている。ウェザー・リポートは2000年に閉店して、長友さんは他界された。なんとその後、熱心なお店のファンの人たちの働きで、そのアンティークな店内と贅を尽くしたオーディオ装置は伝説のジャズ喫茶として松江市の地域興しとして貢献した。それでも、サインホ・ナムチャラックと姜泰煥のデュオのCDのことは、松江市では殆ど知られていないだろう。倉敷の藤原慎作さんと犬飼和嘉さんには、このサインホ・ナムチャラックと姜泰煥のデュオのCDに協力頂いた。

副島輝人さんとのカルトな想い出

姜泰煥のソロ・ライブの翌日、今回姜さんは直接韓国に帰るということなので、岡山空港まで姜さんを乗せて、副島さんと見送りに行った。姜泰煥さんは、ホントに人の良さそうな腰の低い人だ。途中、ちょっとだけ我が家に寄って家族に会った。「ヒライさんへのおみやげある」と、韓国の柔らかい靴を頂いた。そして、午前中の便で岡山からソウルに向けて飛び立った。姜さんを見送った後、実はこの日は前々から副島さんの個人的な用事に付き合うことになっていた。

それは1カ月程前、このライブツアーのことで副島さんから電話があった時のことだ。今回の姜泰煥さんのツアーは岡山が最終日なので、個人的に私に頼みたいことがあるという。副島さんはいつもカメラを持ち歩いている。ミュージシャンのツアーに同行したり、ライブに出向いたり、日本に限らず世界を股にかけて活動しているので、時間があれば様々な場所で自分の感じた風景を撮っていた。

そして少し前、佐渡島に行った時のことだった。ふと道ばたに並ぶお地蔵さんの写真をなにげに撮った。木が覆い茂って少し薄暗い場所だったので、フラッシュを焚いて写真を撮ろうとしたが、何度撮ってもフラッシュが光らなかった。カメラが壊れたのかと思ったが、後で他の場所に行くと正常に作動した。腑に落ちないまま東京に帰って写真を現像してみると、その並んだお地蔵さんから、ゆらゆらと霊気みたいなものが立ち上がっているのが写っていたそうだ。

なんとも気味が悪いのでいろいろと調べてみると、江戸時代に島送りになった日蓮宗の不受不施派の信者の無縁墓だったらしい。

この日蓮宗不受不施派は江戸時代、キリシタンと並び弾圧された宗教なのだ。事の始まりは、1595年に豊臣秀吉が方広寺大仏殿千僧供養会のため全国の寺院仏閣の僧侶を大坂に集めたが、日蓮の不受不施の教義を守るこの宗派は、時の権力に屈することを良しとせず秀吉の命を拒んだのだ。徳川家康の時代になると、他の宗派から異端視され「不受不施派寺請禁止令」を出され禁制宗派となった。そして江戸時代300年もの間、一族郎党根絶やしという厳しい弾圧を受けながらも、隠れ信者は息を潜めながらも残っていた。

副島純子夫人と遺影の前で（2016年）

明治政府になって1876年（明治9年）にやっと政府の公認を受けた。その時の隠れ信者が2万人とも3万人とも言われている。キリシタンの弾圧は歴史でもよく知られている事実だが、この日蓮宗不受不施派の弾圧は歴史の表には出なかったものの封建時代の残忍な真実だった。その日蓮宗不受不施派の本山が岡山の御津にあるという。副島さんは、その写真とネガを岡山の日蓮宗不受不施派の本山に納めたく思い、私に付き合って欲しいとのことだった。

御津は岡山空港からすぐ近くにある。車で30分と走らないくらいで着いた。寺の門を副島さんと2人でくぐって、中に入って行った。住職さんのような方が出てこられ副島さんはお寺の中に上がって行った。私は手持ち無沙汰に玄関口で待っていた。よく観ると、そのお寺には賽銭箱というものが無い。手を合わせてお参りをする時の大きな鈴が、ただぶら下がっていただけだった。あらかじめ連絡していたのか、副島さんはものの10分と掛からないくらいで出てきた。結局、私はその写真を見ることもなく2人でお寺を後にした。あまり、興味本位で見るようなものでもないので、それで良かったのだろう。

帰りの車の中で、「平井さん、岡山県人というのはなかなか気骨のある県民ですよぉ」と、溜飲が降りたのか、いつもの副島さんの熱弁が始まり出した。そして2人でうどんを食べて、午後3時頃、岡山駅に副島さんを送った。「そういえば、山田ムーちゃんが不受不施のことを話していたなぁ」などと思いながら、私も家に帰った。副島さんとのこの奇妙な一日の出来事が、何故か決して忘れる事のない想い出となった。2014年7月、副島さんは予定調和の如く、自己の死を受け入れられたようだ。生涯無神論者を貫いた副島さんは、京都の桜の樹の下に眠っている。昨年、副島さんのお宅を訪ねた時、「私もそのうちそこに行くのですよ」と副島夫人の純子《すみこ》さんは穏やかに語って下さった。

大友良英＝ペパーランド＝灰野敬二

備前にオノ・ヨーコさんと友達で現代アートの作家の林三従さんという方がおられた。毎年「備前アート・フェスティバル」というイベントを開催していた。ペパーランドの能勢伊勢雄さんも関わっておられて、１９９１年、大友良英さんが出演するというので、能勢さんに頼んで、私もスタッフに参加した。大友良英さんは、当時はターンテーブルのインプロヴァイザーだった。高柳昌行さんの弟子で、アジア映画の音楽を担当したりしていて、大友さんの実験的音楽表現には斬新なものがあった。即興音楽の注目の新人だった。

フェスティバル当日、大友さんはステージでダンサーと共演した。ところが、ダンサーが塩をまいて神がかりなダンスを踊ったため、ターンテーブルとレコード、機材に塩が掛かってしまった。演奏終了後、大友さんは主催関係者に怒りを露わにした。塩の掛かった機材はどうしようもないので弁償したようだが、私はレコードを一枚一枚水洗いして自然乾燥させて大友さんにお返しした。これが大友さんとの出会いだった。

大友さんが「グランドゼロ」というグループで「革命京劇」というアルバムを出した。なかなか衝撃的な内容で、お客さんの今城正人さんも大友さんのことが気に入り、グランドゼロを岡山に呼ぶこととなった。

大友良英、内橋和久、ナスノミツル、植村昌弘、芳垣安洋というメンバーで、会場を銀仮面団という劇団の練習場に決めた。チラシやポスター、チケットも売って、近所周りも事前に挨拶に回った。が、開演の1週間前になって練習場にエアコンが無いことが判明した。どうする。どうしようもない。夏の最中、防音も出来てないので窓は閉め切って、扇風機をかき集め、伝説の灼熱のライブが開催された。赤田さんが今城さんの大学の後輩となるので、今回は汗だくとなって色々とお手伝い頂いた。そして、内橋さんが色々と私たちの至らないところをフォローして下さった。内橋さんも多岐にわたり活動されているミュージシャンで、後々繋がっていくことになる。

そして、1994年8月9日にペパーランドで姜泰煥（カン・テー・ファン）、ネッド・ローゼンバーグ、大友良英の3人で「万華興」という一期一会の即興ライブを行うことが出来た。ちょうど、副島さんが姜泰煥とネッド・ローゼンバーグを連れてツアーをしていた。大友さんも岡山近辺にいて、副島さんとは親しい仲だったので、話はとんとん拍子に進んだ。その上、山口県で「カフェアモレス」という喫茶店をしている末富健夫さんが、今回のツアーで姜泰煥のアルバムを制作することになっていたので、岡山のライブもそのアルバムに収録することになった。様々な共時性が重なって、この奇跡のライブは後世に残ることとなった。末富さんの自主制作の「ちゃぷちゃぷ」レーベルが、最近ユニバーサルミュージックから発売となったのだ。

大友さんとは、その後ペパーランドで一楽儀光、大友良英、松原幸子の3人からなるグループ「I.S.O.」のライブをした。純粋な正弦波の音を使ったり、かなり先鋭的な実験音楽だった。実は一楽さんは、山口でレコード屋さんをしていて、ブルースのドラマーだったのだけれど、姜泰煥のサックスソロを目の当たりにしてフリーミュージックに目覚めたのだ。ドラビデオと独自のジャンルを開拓して、今でも精力的に活動されている。

ペパーランドの能勢さんとは、どこかでシンクロナイズしているのか街中でもひょっこりと出会う。城下に「フレンズ」という美味しい定食屋さんがあった。大友さんも連れていった店だが、能勢さんにもよく出会っていた。火事場で野次馬をしているとバッタリ出会ったり、音楽のジャンルもお互い違うのだがDJナオとも親しかったりする。「遊会」というサブカルチャーの朝までトーク会を、ライブの終わった後のペパーランドで定期的に長年にわたり開催していた。一度、能勢さんと私で、テクノミュージックとフリーミュージックの現状を報告する「エッジ・オブ・ミュージック」というレクチャーを開催したこともあった。そして、岡山の田中恵一さんと犬養佳子さんの音楽ユニット、Rrose Selavy/Celineのことを2人共気に入っているのだ。

今や、能勢さんのサブカルチャーとしての音楽、映像、アートや精神世界の緻密で系統的研究は世界的にも評価されている。そして、写真家としての能勢さんの作品は、タルコフスキーのような独特のリアリズムを持ったモノクロ写真だ。老いても益々盛んに活動されている。

ペパーランドで知り合って親交のあったミュージシャンで、大友さん以外にもう一人、灰野敬二さんがいる。灰野さんは、独自の世界観を持ったギタリストだ。灰野さんから、ブルーノートの10インチ盤のルー・メッカを所有している話を聞いた時は驚いた。と同時に、灰野さんの音楽にジャズの歴史が流れていることに安心した。（ルー・メッカの日本盤が再発される以前の話である。）灰野さんは、ペーター・ブロッツマンとも共演している。ペパーランドには、ソロとBLACK STAGE（灰野敬二／鬼怒無月／勝井祐二）で来ている。あの鬼怒さんが灰野さんには、タジタジなのだ。そして、灰野さんは、ギター以外にもハーディー・ガーディーという古楽器を弾く。

若松孝二監督の「エンドレス・ワルツ」

灰野敬二さんといえば、若松孝二監督の「エンドレス・ワルツ」を思い出す。今や伝説のフリージャズ・サックス奏者の阿部薫の伝記映画だ。副島さんから話があって、若松孝二監督を迎え、1995年に岡山で自主上映した。町田康、広田レオナ主演で、映画の中には副島さんや、灰野敬二さん、渋さ知らズの不破大輔さん率いるフェダインが出てくる。灰野さんのセリフは多分本音そのままで、なかなか辛辣なことを言っている。副島さんも副島さんらしいセリフを喋っている。知っている人はニヤリとできる映画だ。上映後は岡山の映画ファンを交えて、若松孝二監督を囲んで打ち上げをした。私も副島さんから紹介して頂き、若松さんからいろいろ面白い話を聞かせて頂いた。この時の話は何かのコラムに書いたのだが、今は残っていない。Yambow平井のウェブに【映画「エンドレス・ワルツ」と阿部薫】というタイトルでエッセイも書いた。

若松孝二監督との打ち上げパーティー

Yambow JAZZ 徒然

映画「エンドレス・ワルツ」と阿部薫

マイルス・デイヴィスが逝った時、「これでマイルスの完全なディスコグラフィーとコレクションができる」と、納得していたコレクターがいた。実際、伝記とか伝説といったものは、本人が死んだ後は、その本人の意思とは無関係に（当然のことなのだが）様々な人の『思い』によって、偶像化されてゆく。伝説と化した天才ジャズ・インプロヴァイザー、阿部薫。正に『天才と狂気は紙一重』を地で生きたミュージシャンだ。

映画「エンドレス・ワルツ」は彼の生前を実際に知っている若松孝二監督と、鈴木いづみ（阿部薫のヨメさん）の『思い』を小説にした稲葉真弓の原作によるものだ。映画としては、いい出来だと思う。母親の自殺という衝撃的なシーンから始まったにもかかわらず、実の娘さんも、涙して喜んでくれたそうである。

映画の大半は、阿部薫と鈴木いづみの狂おしいまでの愛憎物語である。逆に、阿部の音楽性とか芸術性云々に関しては、映画で表現するべきものでもないだろうし、表現できるものでもない。（それに興味のある人はＣＤでもっと音楽を体験するしかない）もし、音楽とか芸術とかいう類のものが、男女の憎愛から生まれるものである、とするなら、この映画は、天才と呼ばれた彼の音楽性の核心に迫る内容なのかもしれない。

男と女、これはいつの時代でも、永遠のテーマであり続ける。若松監督も、「阿部薫」という実在の人物を借りて彼なりの男と女のひとつの在り方を、表現したのだろう。最後に一言。『男の身勝手と女のわがまま』薫の身勝手は充分に描かれていたが、いづみのわがままはスクリーンの裏に隠れていたようだ。

「リー・コニッツのソロ・ライブ」から「岡山ミーティング」

その頃、田中さん（下の名前は思い出せない）という個人でプロモートしている口髭をたんまりと蓄えたオタク風な御仁と、縁《えにし》があった。１９９６年、彼が突然電話してきてリー・コニッツのソロ・ライブの話を持ってきた。私はリー・コニッツのソロ・サックスのアルバム「ローン・リー」が好きで、二つ返事で引き受けた。

　リー・コニッツはビ・バップの頃からのミュージシャンだ。レニー・トリスターノ派のクール・ジャズの巨匠で、「VERY COOL」「IN HI-FI」「サブコンシャス・リー」「リー・コニッツ・ウィズ・ウォーン・マーシュ」等と、名盤と呼ばれるレコードは枚挙にいとまがない。私はVerve盤「TRANQUILITY／トランキリティ」が好きだ。しかし、彼はトリスターノのクール・ジャズから離れて独自の音楽性を持ってジャズの活動をしていった。そしてヨーロッパに渡ってからの活動は、主にジャズの即興性を中心とした演奏をして、アドリブの展開の仕方はワン・アンド・オンリーの孤高のミュージシャンである。そして、今もなお精力的に演奏活動を続けている。

　バードでソロ・サックスと、ワークショップ的なセッション・ライブをした。しかし、その日は仕事の都合でどうしても抜けることが出来なくて、ライブの進行はバードの岡崎マスターにお願いした。私は後半にやっと参加出来た。コジマ・サナエさんや赤田晃一さんが演奏に参加していた。サナエさんのヴォーカルは「レディ（ビリー・ホリディの愛称）のようだ」と褒

サイン入りLee Konitz「LONE-LEE」

められたが、赤田さんのサックスは「もっと、勉強しなさい」と手厳しく言われた。しかし、ジャズの第一線で半世紀以上サックスを演奏しているリー・コニッツにしてみれば、赤田さんは赤子にも等しいレベルだ。演奏出来ただけでも凄いことだ。そして、私に対しては「ホテルの部屋が狭い」とえらく憤慨して抗議された。

日本のホテル事情は、ほとんど寝るだけのスペースだ。リー・コニッツさんの言うようなゆったりしたスペースは、高額になってしまう。それでも、高齢のリー・コニッツさんにしてみれば、高いギャラよりゆったりとした宿の方が重要だったのだ。マネージャーを務めていた田中さんも、あわてて翌日のホテルの手配をやり直していた。私は満足に演奏を聴けなかったので、翌日の神戸のライブに行くことにした。

翌日は、神戸の「フェスティバル・ビヨンド・イノセンス（FBI）」という内橋和久さんが主催するフリー・ミュージック、アヴァンギャルドのイベントへのゲスト出演だった。リー・コニッツの演奏もさることながら、即興演奏、ノイズ、実験音楽、フリー・パフォーマンスと、岡山では考えられない内容のフェスティバルだ。巻上公一さんや芳垣安洋さん、ナスノミツルさん、勝井祐二さん等、若手のインプロヴァイザーやグループがオールナイトで演奏するプログラムが組まれている。

夕暮れ時だったか、ふと会場のジーベックホールの横を見ると、おおたか静流さんがいつもの遊女風な着物を着てボンヤリと立っていた。その頃、私はおおたか静流さんの「リピート・パフォーマンス」というアルバムを気に入って、よく店でかけていた。ポップスのボーカリストだとばかり思っていた人が、こんな前衛のフェスティバルに出ていることに驚いてしまった。これが、私のおおたか静流さんとの出会いだった。とはいっても、声を掛けたわけではないので、私の一方的な想い出なのだが……。後で静流さんに聴いた話では、その時は時差ボケでボォーとしていたのだそうだ。

私は田中さんに会って、リー・コニッツさんを訪ねようとしたのだが、ホテルでゆっくりされているとのことで、会うことを遠慮した。リー・コニッツさんとは「SEE YOU AGAIN」と別れの握手をすることもなく、それっきりの縁となってしまった。

私は、その後一人でフェスティバルに参加した。真夜中、ジョン・ゾーンが提唱したコブラという集団即興の演奏があった。そのまま朝方まで、半分寝たような状態で観続けた。翌日は殆ど徹夜状態で仕事に出かけるハメと相成った。それと、それから後に内橋さんと静流さんのライブを岡山のMO:GLAでするきっかけともなった。そんなこんなの、私のFBI体験の顛末でした。

田中さんはその後、マイラ・メルフォードという女性前衛ピアニストの話を持ってきた。彼女のシャープでリリカルなピアノはヨーロッパで話題になっていた。アメリカでは、ジョアン・

ブラッキーン、日本では高瀬アキと先鋭的な女性ピアニストが活躍していた。そのとき、音楽事務所から坂田明の話も舞い込んできた。「この2人をぶつけたらどんな音楽が出てくるのだろうか?」と、私はその2人の共演を岡山の西川アイプラザで開催することにした。

この頃から私は、後先考えずに一期一会的なコンサートを企画し始めていた。坂田明トリオ、マイラ・メルフォード・ソロ、坂田明&マイラ・メルフォードのフリー・セッションの3部構成でのコンサートを行った。それぞれの演奏は面白かったが、3部のフリー・セッションは多少無理があったようだ。初対面で、お互いが熟知されていない演奏からは新しいサムシングは出てこなかった。コンサートの進行も少しドタバタしてしまった。しかし、この時通訳を買って出てくれたスコット・チャドウィックさんがいてくれたお陰で、ミュージシャンたちのコミュニケーションが多少なりともスムーズに出来た。スコット・チャドウィックさんは、今でも岡山で英語の教師をしながらジャズのトランペッターとして活躍している。

また、この頃からJASRAC(日本音楽著作権協会)が何かと横やりを入れてくるようになった。即興音楽に著作権などないのだが、なんとかお金を徴収しようとする。即興という音楽すら理解してないのだろうか。

そして田中さんが、AMMの話を持ってきた。イギリスの現代音楽の前衛即興グループだ。灰野敬二さんと大友良英さんのブッキングが上手く出来たので「岡山ミーティング」と題して岡山にもなんとか新しい音楽の風を持って来ようと、フリー・ミュージックの一大イベントを企てた。

駅の西口に国際交流センターという公共のビルが建って、2階にグランド・ピアノのある国際会議場というホールが出来た。初物ということでコンサート会場をそこに決めた。その頃は、岡山フリー・インプロヴィゼイション・クラブは岡山の音楽シーンからは浮いた存在となっていた。

当日の入場者は50人前後だった。ギタリストで歯医者の黒瀬尚彦さんが駆けつけてくれて、コンサートの様子を記録して下さった。しかし、1部の大友さんとジョン・ローズの演奏は映像で残ったものの、2部の灰野敬二さんと3部のAMMは殆ど照明のない状態で演奏されたので非常口の光だけがアップで映された映像となってしまった。

灰野さんは、漆黒の舞台で真っ黒な衣装を着て延々とハーディー・ガーディーのソロを演奏し続けた。そして、ジョン・ティルベリー（p.）、キース・ロー（g.）、コーネリアス・カーデュー（perc.）の3人からなるAMMの演奏は静かに淡々と始まった。クールなインプロヴァイズド・ミュージックが続いていった。すると、会場の事務方が延長時間は規定にないので、時間通りに終わって欲しいと連絡してきた。しかし、演奏を途中で止めるわけにはいかないので「終わり次第、すぐに撤収します」とお願いした。するとボランティア職員なのか、時間が来たらホールの照明を点けると言い出した。そんなことをされては演奏もコンサートも台無しになってしまう。

ったく！　私は込み上げてくる怒りを抑えながら会場に戻った。ちょうど、AMMの演奏がフェイドアウトしてゆくところであった。しかし、終わりではない。いつ演奏が始まるのだろうかという緊張感が残ったままの「無音の音楽」が流れていたのだ。1分か2分程その状態が続いただろうか、私はおもむろに拍手を始めた。まだ続くかも知れない演奏に私から終止符を打ったのだ。するとその拍手と同時に会場内の照明が点いた。職員が拍手を聴いていて照明を付けたのか、時間が来たから点けたのかは定かではないが、拍手の前に照明が付いたら演奏もコンサートも台無しになるところだった。冷や汗がタラリと出た瞬間だった。

私はこのイベントを機に、岡山でメールス・ジャズ・フェスティバルや内橋さんのFBIのような即興音楽の大がかりなイベントをすることは諦めた。岡山フリー・インプロヴィゼイション・クラブも、私の中で実質幕を閉じたのだ。津下さん、赤田さん、今城さん、田中恵一さんたちとの繋がりはその後も続いている。プロモーターの田中さんからはその後一度、パティー・ウォーターズのオファーがあった。パティー・ウォーターズといえば、フリージャズのレーベルESPにアルバムを残しているヴォーカリストだ。興味はあったが、もう受ける気力は無かった。それ以来、彼とは音信不通である。どうしているのかなぁ。

Yambow JAZZ 徒然

アリとキリギリス

　それはそれは、夏の暑い盛りでした。アリたちは今日も額に汗して黙々と働いておりました。何千何万匹の長い長いアリの行列は、森の中から川のほとりを越えて、野原のアリの巣まで続いています。小さなアリたちは日に何度となくその間を往復するのでした。秋がきて冬になる前に、女王さまや子供たちのための食糧を集めにせっせと毎日働きます。何千何万匹のアリの中にはやはり一匹や二匹ぐらいは列から外れて迷ってしまうアリがいるものです。

　その日も列からはぐれた一匹のアリが日が暮れた森の中を急ぎ早に帰っていきました。すると、何処からともなく綺麗な音色が聞こえてくるではありませんか。栗の木の根本の落ち葉の下からその音は聴こえてきます。近寄ってよく見ると、キリギリスが気持ち良さそうに音を奏でているではありませんか。昼間はいつも落ち葉の下でゴロゴロ寝転がっているあの怠け者のキリギリスが、昼間とは見違えるように、イキイキとした表情で音楽を奏でていました。ついついアリは巣に帰ることを忘れてその音に聴き入ってしまいました。「ああ、なんて心地の良い音だろう」それからというものは、アリには密かな楽しみが出来ました。巣に帰る前に、栗の木の陰でこっそりとキリギリスの音楽を聴いて帰るようになったのです。

夏が終わり秋になると、森や野原も色付いてきます。森の中には沢山の木の実がころがっています。キリギリスの音色は日増しに綺麗になってゆきました。もうアリはキリギリスの音楽に夢中でした。そしてある日、とうとうアリは思い切ってキリギリスに話しかけました。「キリギリスさん、どうしてあなたはそんなに綺麗に音を奏でることが出来るのですか」と。キリギリスは急に声を掛けられたものだから最初アリが何を言っているのかよく分からなかったらしく、「ああ、これはこれは、働き者のアリさんごきげんよう」などと、変な返事をしてしまいました。もう一度アリは尋ねました。「どうしたら、あなたのように綺麗な音が出せるのでしょうか」「そんな大したことじゃないよ、気持ちが良いから背中の羽根を擦っているのさ。最近は野山も綺麗だし、美味しい物もたくさん在るから益々良い気持ちだ。こうやって羽根を擦っていると、なぜか一生懸命になれるんだ」。アリは自分の背中には羽根が付いていないことに気付きました。「僕もキリギリスさんのように生きてみたいな」とアリはポツリと言って帰ってゆきました。キリギリスはアリの背中を見て悪いことを言ってしまったと後悔しました。

冬になり食べる物も無くなってきました。キリギリスの音色は、自分の死期を悟ったかのような激しい音へと変わってゆきました。それでもアリは毎日キリギリスの音楽を聴いていました。ときには、巣のなかから大切な食糧をキリギリスのためにこっそりと持ち出しもしました。野山が真っ白く雪に覆われた日、とうとうキリギリスの音は聴こえなくなりました。

長い長い冬が終わり、川のせせらぎが春の息吹きを運び出すころ、アリはキリギリスの屍を探しにゆきます。キリギリスは、いつもの栗の木の下で羽根を広げたまま死んでいました。アリは巣に戻って他のアリたちを呼びにゆきます。そして、みるみるキリギリスの屍には沢山のアリたちが群がりました。女王さまと子供たちの食糧にするために。

（97・11・9）

V

梅津和時＝公園まつり＝表町生活向上委員会

梅津和時さんの生活向上委員会

梅津和時さんが率る「生活向上委員会」という音楽バンドがある。「生活向上委員会大管弦楽団」という大所帯バンドのレコードが発売されていた。音楽のアングラ劇団のようなバンドだ。略して「生向委」。「アート・アンサンブル・オブ・シカゴ」とか「サン・ラ・オーケストラ」というフリージャズのビッグ・バンドがアメリカにはあるが、日本でもやっと出てきた！　と、私は大いに喜んでいた。

梅津和時さんとのツーショット
（2016年）

そんな時、岡山の市民文化ホールで「RCサクセション忌野清志郎」のコンサートがあるということを聞いた。実はRCサクセションのバックバンドで、梅津さんと片山広明さんがホーンセクションを担当している。その時よく通っていた「イマージュ」という、R&B＝SOULが好きな林徹さんが店長をしている店があった。林さんはＬＰコーナーのお得意さんで、その「イマージュ」の常連さんに、濱野孝美さんという岡山の「ＲＣサクセション忌野清志郎」のファンクラブの世話をしている女性がいた。私は彼女に「梅津さんに会いたいので何とかならないだろうか」と相談した。すると、当日のコンサート終了後、楽屋に案内してもらうことになった。

コンサート当日、私は仕事を終えて市民文化ホールに向かった。憧れの梅津さんではあるが、どんな人かとドキドキしながら楽屋に案内してもらう。「初めまして。ジャズのレコード店をしているＬＰコーナーの平井と申します。今夜、よろしかったら一緒に呑みませんか？」と切り出すと、「あぁ、いいよ。今夜は空いてるから」と、楽器を片付けながら快諾して頂いた。あの尖ったサウンドからは想像できないくらい、さっぱりと落ち着いたジェントルマンだった。片山広明さんも一緒にバードに繰り出した。ニューヨークのロフトジャズのことをいろいろと話してくれた。

その当時、ブラックジャズの新しい動きとしてソーホーのロフトジャズのムーブメントが、話題となっていた。ちょうどその頃、梅津さんはニューヨークに渡って、ジャズの武者修行をしていたのだ。しかしながらもうニューヨークのフリージャズ、アバンギャルド・ミュージックの中心は、ニッティング・ファクトリーというライブハウスに移っていた。梅津さんはそこでも出演していた。人種のるつぼ、ファッション、音楽、アート等、世界の文化の最先端がニューヨークに集まって日々動いている。

実はロフトジャズは、ロックフェラーが援助していた。「白人は、黒人にたくさんの借りがある」とかいうことで、ロフトで活動する黒人アーティストやミュージシャンにジャブジャブ支援していたのだ。そして、ロフトジャズが花開いた。「ワイルド・フラワー」というシリーズでフリーダム・レーベルからリリースされている。デヴィッド・マレーなどが代表的ミュージシャンだ。

ところが、ある日突然援助が打ち切られた。倉庫街だったソーホーにレストランが出来、カフェが出来、ファッショナブルに街が変わって人が集まりだしたからだ。そしてロックフェラーは、投資した金額を充分に回収したからだ。凄い話ではあるが、それがアメリカなのだ。発想が全然違う。

そのあとも民族音楽のことや、日本のチンドン屋とロマのジプシー音楽のクレズマ、韓国の民族音楽の「クッ」のことやら面白い音楽談義に花が咲いた。梅津さんの音楽の幅の広さに驚いたし、沖縄やアイヌ音楽に至るや、音楽だけでなくヒューマンでラジカルな姿勢に大いに共鳴した。想像以上に博識で魅力的な人だった。最後に、バードのジャズ・マシーンに飛び入りしてアルトサックスを披露してくれた。確か「Confirmation」というパーカーの曲でセッションしたが、ビ・バップも凄く上手い。というのか、音がはっきりとして綺麗だ。さすがに国立音大出身だ。そしてアドリブは、梅津さんの奇想天外な展開となる。

日本のテナーサックスのヘラクレスこと片山さんは呑み過ぎてへべれけで、セッションには入って来なかった。彼の豪快なサックスは「またの機会に出会うことがあるだろう」ということで、その夜は素晴らしい梅津さんとの出会いの晩餐とあいなった。その後、梅津さんはニューヨークのミュージシャンや、新しいバンドとか色々なミュージシャンを岡山に紹介してくれることとなる。

梅津和時さんとサード・パーソン

梅津さんの生活向上委員会は、原田依幸さんとニューヨークに行った時に出来ていたことを、つい最近のコンサートで聞いた。ニューヨークは、世界の先端が集まる場所だ。私の個人的持論だが、音楽が成り立つ必要十分条件とは、まず必要条件として音を出す演奏者が居なくてはならない。しかし、その音を聴くオーディエンスが居なければ十分条件ではない。音楽は演奏する人間とそれを聴く人間がいてこそ、音楽として成り立つ。物質が存在するには、そこに物質がなくてはならない。しかし、その物質を観察認識する人間?がいなければ、宇宙だって存在しないことになる。

音楽は、物質ではないが演奏者の出す音の「音魂」みたいなものに聴き手は反応する。音楽は演奏者から空気中に出た途端、聴き手の中でシンクロしながら一人歩きする。その聴き手が演奏者であれば、即興のインタープレイになる。[梅津さんが出す「音魂」と、他のミュージシャンの出す「音魂」が混ざると、どんな音楽が出て来るのだろう」と、私は化学の実験でもするかのように即興音楽を愉しんでいるのだ。

音楽は素粒子や原子、分子で出来た物質ではないが存在している。そして、常にいろいろなリズムやハーモニー、メロディー、言語、人種、モード、テクノロジー、アイデア、時代の流れを融合させながら多種多様に進化している。その進化の反応がニューヨークでは面白いのだ。

梅津さんは、ニューヨークから新鋭のミュージシャンをよく岡山に連れて来た。1985年、トム・コラ（cello）、ジョージ・ルイス（tb.）のトリオでの即興演奏をバードでした。その

2002年9月11日。かぶらでの打ち上げ。中央が「ガラクタ」のマスター

時、川嶋哲郎さんはバードでバイトをしていて、厨房で彼等の演奏を聴いた。初めて聴いたフリー・インプロビゼイション・ミュージックに衝撃を受けたそうだ。

その翌年、Garakuta（ガラクタ）という岡山市の南にあるジャズ喫茶でライブをした。この時は、「サードパーソン」というサム・ベネット（perc.）とトム・コラのバンドに3人目の人間（サードパーソン）としての梅津さんが入ったメンバーだ。

Garakutaは、1976年にオープンして40年以上、今では岡山では一番長く営業しているジャズ喫茶だ。主人は井上周一さんで、奥さんと切り盛りしている。その頃、ちょうど店を大きくして、ガラス張りのオシャレな店に新装したばかりだった。道路沿いの店なので、プレーヤーのバックで車のヘッドライトがガラス越しに反射してなかなか面白い照明効果となった。

サムさんのパーカッションは、奇想天外に何でもリズムにしてしまう。梅津さんは、トム・コラさんのチェロと息が合っていたようだ。ライブの後は、私の高校の同窓生、佐達さんの「カブラ」という中華創作料理の店で打ち上げを賑やかに行った。モモタロウこと赤田晃一さんも参加した。彼は梅津さんのサックスの大ファンで、梅津さんのサックスをコ

「ガラクタ」での梅津和時

ピーして勉強していた。私は、この夜はいつもになく飲み過ぎてしまい、美酒に足をとられてしまった。

3度目はトム・コラ（cello）、そしてウェイン・ホロヴィッツ（key.）と梅津さんのトリオだ。ウェイン・ホロヴィッツさんはシャープでセンスのある演奏を展開した。このときのライブはそれほど集客がなかった。梅津さんとトムさんとのインプロ・グループでの岡山ライブは、これが最後となった。3回とも、正にニューヨークの最先端のライブハウス、ニッティングファクトリーのサウンドが岡山にやって来たのだ。トムさんは、その後一度フレッド・フリスと岡山に来たことがある。1998年4月、鬼才トム・コラは永眠してしまった。合掌。

第一回「公園まつり」上々颱風

昭和の最後の年、年末恒例のコマンド・ライブがデスペラードであった。12月30日にブルース、ロック、フォークの10バンドくらいの常連客が12時過ぎくらいまで入れ替わり立ち替わり演奏する。最後のトリは、マスターの直さんのバンドが演奏する。客もバンドのメンバーもみんな、ゴキゲンに酔っぱらってライブを楽しむ。デスペラードが捌けた後も、騒ぎ足りない連中はコマンドに寄って音楽やら下世話な話で朝まで酔いたんぼである。

みんなでワイワイしてると、誰からともなく「みんなで野外コンサートをしよう」という話が持ち上がった。酔った勢いもあってかどんどんと話が盛り上がっていった。

当時「紅龍&ひまわりシスターズ」というお祭りバンドが名前を変えて「上々颱風」(しゃんしゃんたいふーん)という名称で全国的に音楽仲間の間で話題になっていた。私は米子のSOUL・DISCOバーの石倉さんから何度か「紅龍&ひまわりシスターズ」という面白いバンドがあるから岡山に紹介したいと言われていた。ところが、コマンドの直さんは、もう何度か岡山でライブをしていたのだ。そんな訳で「上々颱風」の話で盛り上がり、結局「上々颱風」を呼んで岡山の運動公園で野外コンサートをやろうということになった。

公園まつり

田中はるや、道広博之、道広光子、山口博文、高明哲、竹本洋朗、宮丸滋朗、斎藤隆志、岡

部玄、そして私、平井康嗣のメンバーだった。大阪の「春一番」、ヒッピーの野外フェスティバル「いのちの祭り」と、当時は全国的に野外音楽イベントはあった。しかし岡山では、音楽ファンによる自主的な野外コンサートなどはなかった。

大体この手の「酒の席のはなし」は得てして二日酔いと共に記憶から消えてゆくものだが、この時のメンバーはそうではなかった。月2回ほど、コマンドに集まり謀議を重ねることとなった。そうすると、参加メンバーも回を重ねるたびに増えてゆく。看板屋の橋本さん、美容師の松尾さん、自称鉄鋼工場の社長、石井洋一さん等々。1月に「昭和」から「平成」という年号に変わったこともあって「平成元年　おんがく三昧公園まつり」というタイトルに決めて、思いは各自ふくらんでゆく。

コマンドの直さんから「上々颱風」に連絡してもらい、出演が決定した。そして、私も梅津さんに連絡を取って、出演を承諾してもらった。高明哲さんは、「山本しん」というブルースマンに連絡をとって出演を決めた。会場となる運動公園こと「岡山県営グラウンド」の事務所にも使用申請書を提出、ポスターは橋本さんが制作してくれることとなり、着々と計画は進んで行く。

しかし、一番大変な問題があった。予算を如何に捻出するかだ。どこからかお金が出るわけでなく、チケットによるカンパ制と広告スポンサーで資金を調達することにした。それでも50

万円以上の資金を調達しなければ駄目だ。野外のイベントとしては大した金額ではないものの、素人集団には大変な金額だった。

しかし、スタッフには一癖二癖ある人たちが集まってきた。

田中はるや：昼は保険の外交員。ピアノの弾き語りで、パブなどで演奏活動をする。

高明哲：水島でダスキンの代理店経営。テント芝居の世話で全国を渡り歩いている。フォーク・ブルースが好きな在日の活動家。

道広博之：理学療法士。ギターの弾き語り。夫婦で参加。エコライフを実践。

斎藤隆志：イベント企画屋。フリーマーケットを岡山で初めて手掛ける。「街おこし」などの企画を企業に提案する。

竹本洋朗：ブルース・ロックのドラマー。岡山港の近くの三蟠に家屋を借りて音楽スタジオ、楽器・音響機材置き場として地元のミュージシャンやバンドマンのたまり場を作っている。俗名「サンバンスタジオ」の管理者。

橋本敏明：レゲエが好きなトロピカルな看板屋。「音楽三昧公園まつり」のポスター制作。

岡部玄：造形作家、流木アートのインスタレーションを手掛ける。

宮丸滋朗：エスニック・カフェ「チャイアア」に勤務。レゲエが好きなアウトドアのエコライフの料理人。

4月頃、その年の表町のイベントでサンバ・カーニバルが開催されることとなった。公募のイベントで、募集した各チームがサンバのリズムに合わせて踊り、最優秀チームには50万円の賞金が出る、というイベントだ。「みんなで参加して、その50万円を公園まつりの資金にゲットしよう」と、田中さんが言い出した。みんな音楽をしてるから、陽気にリズムに乗って自由に踊るサンバは得意だ。「しかし、そんな確かでないことに時間を掛けている場合ではないのだ」と、私は内心眉をひそめていた。

道広夫婦、美容師の松尾さんがみんなにメイクをした。レゲエ好きの宮丸さん、鈴木さん、橋本さんたちはブラジル人風に顔を塗って、田中さんは女性のダンスチームを集め、パーカッション・グループは竹本さんが集めた。そしてウチの嫁さんや子供たちも加わって大いに盛り上がった。優勝はしなかったものの「敢闘賞」に入賞して、賞品にカメラを頂いた。結果はまあまあだったが、現金の獲得はなかった。「骨折り損のくたびれもうけ」だった。「ほんとに、もう！」である。

高さんは、不破大輔さんのフリージャズのバンド「フェダイン」を呼んできてライブをした。客は5人くらいしか来なかった。私も参加して朝まで不破さんと呑み明かした。「ほんと、こんなことばかりしていては駄目だ」と、焦りばかり募ってくる日々が続いた。

村上淳一さんという大阪の広告代理店の岡山支店長が協力してくれて、1カ月前くらいからパンフレットを制作して、協賛金を集めることにした。団体名を「GO GOお祭り団」と命名した。（「GOGO」というのは、当時アメリカではやっていたファンク・ミュージックの新しい形の呼び名だった）

カンパ券は、田中さんが頑張ってよく売ってくれた。ステージは高さんがテント芝居の仲間を東京から呼んで来てくれて、宮丸さんや鈴木さん、橋本さんたちと、タンカンを使って前日から泊まり込みで組んでくれた。斎藤さんは、当日出店のフリーマーケットを仕切ってくれて、楽器ＰＡ機材の搬入もプロサウンドさんと竹本さんが前日から行った。岡部玄さんは場内アートを手掛けてくれた。パンフレットは、前日の夜中に刷り上がって石井洋一さんが届けてくれた。結局、10人近く泊まり込みで準備と警備に当たった。

１９８９年5月21日、ポスターのように天気は晴れた。

正午スタートで、市民の手作りの音楽祭がスタートした。オープニング・アクトのダンス・チーム「THIRST AID」で始まり、地方で活躍するバンドが出演していった。大阪から駆けつけてくれた「泉州玉ねぎファイターズ」、岡山のファンクバンド「DYNAMITE GO.GO'S」、サンバンの変態バンド「王様バンド」、高松のコミック・バンド「What's Your Name?」、パフォーマンス芸人・橋本基さんのアコーディオン独奏と、３時過ぎまで前座の演奏が続いた。

これから山本シン・ブルースバンドに続き、ボブ斎藤、ドクトル梅津、古澤良治郎、上々颱風とプロの本番が始まる頃になって、公園事務所から「音が大きいとの苦情がきているので、もう中止にして欲しい」という通達が来た。あわてて事務所に出向いて、ボリュームを絞るので最後まで出来るようお願いした。結局、事務所からスケジュールも少し巻くということで了解してもらった。野外イベントには付きもののアクシデントではあったが、無性に腹が立つやら情けないやら、私の中で何かがショートした。それでも、梅津さんの演奏と上々颱風の演奏は、半分くらい座って聴くことが出来た。

上々颱風は、お祭りのビートと沖縄や日本民謡、歌謡曲や演歌、ポップス、ジャズも織り交ぜたアジアンテイストの無国籍バンド。ビートルズの「レット・イット・ビー」を日本語で自分たちの歌に消化している。そして梅津さんのサックスが、上々颱風のサウンドにスパイスを利かせる。そして、古澤さんのドラミングは、ステージを温かく包んでいった。夕暮れのまったりした時間を、上々颱風を聴きながら、なんとかこの一大イベントを終えることのできた安堵感と共に過ごした。6時過ぎからは後片付けが始まった。みんなよく働いた。そして8時過ぎからは居酒屋で、総勢50人近い人数のどんちゃん騒ぎ、「あとのまつり」が始まった。

第三回「公園まつり」アルハンゲリスク＝ネーネーズ

GO-GOお祭り団の「公園まつり」は、翌年は藤ケ鳴牧場でアマチュアバンドのコンクールをした。斎藤隆志さんの関係で、当時ＴＶで話題になっていた「三宅裕司のいかすバンド天国」、通称「イカ天」のようなイベントだ。秋には運動公園でフリー・マーケットと音楽のイベントも「公園まつり」で開催した。

その頃、私は斎藤さんの紹介で西川のギャラリーを使ってネッド・ローゼンバーグ（sax）と豊住さんのデュオ・ライブをした。ギャラリーのオーナーは、普通のジャズを思っていたのだろうが、フリージャズの演奏に、戸惑っていたようだった。ネッド・ローゼンバーグもサーキュレイション奏法（循環奏法）でサックスを吹く。姜泰煥やエヴァン・パーカーとは違った演奏で、フリージャズを踏襲したアメリカン・インプロヴァイザーだ。それだけサーキュレイション奏法は、表現方法に個性的な広がりが出るようだ。私の息子が、ギャラリーのステージまで駆け寄って耳を押さえながら「うるせんじゃー」と叫んだ。私は真っ青になって外に連れて出た。

いまから思えばミュージシャンたちは、それも演奏中のハプニングとして音楽に取り入れている。そもそもフリー・ミュージックは、既成の音楽へのアンチテーゼとして発展したものだから、子供がうるさいと反応するのは当然のことかもしれない。

1991年、副島さんから「この夏、大きなイベントを全国的に展開するから協力して欲しい」との連絡が入った。なんでもソ連のアヴァンギャルド・ジャズ集団「アルハンゲリスク」を呼びたいから岡山でも受けて欲しいという内容だった。ソ連では、ジャズは資本主義の音楽ということで、公的には禁止されていた。しかし、心ある音楽家たちは地下に潜ってジャズの演奏をしていた。デキシーからスイング、バップ、モダンジャズ、そしてフリージャズまで彼らなりのジャズを模索していた。そして、ソ連の政治体制が崩れつつある状況下で、ソ連のジャズが待ってましたとばかりヨーロッパやアメリカへと活動を始めた時代であった。イギリスでも、LEO RECORDSというレーベルが、ソ連のアヴァンギャルド・ジャズを発表していた。ヨーロッパのジャズフェスティバルにも、どんどん参加していた。そして、その動きにいち早く副島さんが呼応したのだ。

私もソ連のジャズに興味を引かれた。アルハンゲリスクのレコードはLEOから出ていたので、早速取り寄せた。「公園まつり」の一環として、このイベントを岡山でも開催すべく動き出した。

野外となると入場料が取りにくい。また、「アルハンゲリスク」だけでは、インパクトや知名度がない。対バンに何か面白いバンドが欲しかった。その頃、岡山で憂歌団などを呼んだり、西岡恭蔵や大塚まさじなどのフォークシンガーと交流のある相原久味子さんが、沖縄の「ネーネーズ」という沖縄民謡を判りやすく日本語で唄っている3人組のグループを紹介してくれた。これからデビューするグループだったが、「歌もしっかりしていて、かえって日本のジャズを紹介するよりもアルハンゲリスクに対してインパクトがある」と私は思った。濱野孝美さんが、事務局の場所を提供してくれて事務局長を買って出てくれた。

GOGOお祭り団とこのイベントには新たなメンバーが集まった。斎藤さんも協力してくれたり、イマージュの矢内宏幸さんも実行委員長を引き受けてくれた。国際的なイベントなので結構政治的なバックボーンのある人たちも集まった。神主の小笠原宗壽さんは、暇さえあれば事務所に居てくれた。彼はその昔、愛媛大学の入試で一緒していた。私もLPコーナーに事務所が近かったので、昼休みには覗いていた。

「公園まつり」の場所は県営グラウンドのスポーツの森を押さえていたが、「ソ連のバンドを呼んで市民の有志で野外音楽祭をする」という新聞記事が出るなり、公園事務所から「ちょっと、待った!」の連絡が入り、使用許可取り消しの文書が届いた。なんでもソ連人が来ると、右翼団体が大挙して押し寄せるからだ。ゴルバチョフも来日して日ソ友好の気運が高まっているにもかかわらず、役人の事なかれ主義に呆れ果てた。実行委員会の数人は、「これは、断固闘うべきだ」と憤怒していたが、開催日まで1カ月そこそこしかない。そんな余裕はなかった。

県や市の関係は難しそうなので、国交省の管轄で後楽園の河川敷をその方面の人に押さえてもらった。しかし、愛国党から脅しともとれる電話が、1、2本入ってきた。私はファンキーなオヤジこと田辺忠夫さんに頼んで、右翼団体方面に力のある人を紹介してもらった。寿司屋で会って話をした。「今度、ソ連のジャズバンドを呼んで野外コンサートをするのですが、彼らはソ連の政権に反対し、隠れてジャズをしてきた音楽家たちです。今の時代になってやっと表だってジャズの演奏が出来だしたんですよ。政治信条は違うにしても、反ソ連・反共産主義ということでは、あなた方愛国党と同じ側にいる人たちですよ」みたいな内容を私は喋った。「私の立場から、岡山の各団体にあなたたちのイベントに対する行動を止めろとは言えませんが、あなたたちは良いことをしているのだから頑張ってやりなさい。昔、わたしも日本共産党の役員をしている福祉の人と話をしたことがある。互いに国民のためを思って正しいと信ずることをやっているのだから、信念をもって動いている人間同士の共感のようなものを感じた」というような内容を私に話してくれた。元神主をしていたという御仁は、大勢の人を束ねている「徳」みたいな雰囲気が出ていた。その人と話をしたせいかどうか判らないが、開催当日は愛国党など右翼団体のの街宣車は一台も現れなかった。

私は、午前中はネーネーズのリーダー格の古謝美佐子さんを岡山空港まで迎えに行っていたので、前座の大正琴の交友会の演奏の途中に会場の後楽園に着いた。そしてアルハンゲリスクの演奏を聴きながら会場内をうろついた。ステージ前だけ有料で席を設けたが、それ程座ってはいなかった。ほとんどの人は河川敷の好きな位置で観ていた。アルハンゲリスクのステージはバケツを被って出てきたり、新聞を広げて寸劇のようなことをして、アングラ劇とフリージャズが混ざったようなパフォーマンスを繰り広げていった。そして、最後に2、3人がステージ上から後楽園の小川めがけてダイブした。レジツキーというサックス奏者がこのアルハンゲリスクのリーダーで、演奏後に副島さんと3人でネーネーズの演奏を聴いた。レジツキーは興味深そうにこの沖縄のグループの唄に耳を傾けていた。後で聞いた話だが、ネーネーズがヨーロッパのジャズフェスに招かれた。そして古謝美佐子の唄は、ボブ・マーリーのバック・コーラスにも匹敵するとの好評を得たそうだ。この時も打ち上げは、居酒屋を借り切っての「あとのまつり」と相成った。野外コンサートは開放感があって楽しいが、今回の私の無謀ともいえる「公園まつり」にみんなはほとほと疲れたようだった。以後「公園まつり」は、開催されることはなかった。

そして、この年の12月にソビエト連邦は崩壊した。アルハンゲリスクは、実は北極圏に近いロシアの港町の名前で、翌年アルハンゲリスク・ジャズ・フェスティバルに副島さんから招待された。岡山の野外コンサートは、彼らの間でも「リバーサイド・コンサート」として印象が良かったらしい。しかし、2週間近くも店を休めるような状況ではなかった。LPコーナーを辞めて行けば、それなりの人生があったかもしれないが今となっては判らない。副島さんが後で、アルハンゲリスクの神秘的な海や自然の造形を写真で見せてくれた。この話は副島さんの著書「世界フリージャズ記」（青土社刊）に逸話として記されている。

梅津和時さんと仲間たち

梅津さんには、ニューヨーク・コネクションばかりでなく、日本のユニークなミュージシャンもたくさん紹介して頂いた。中村善郎さん、橋本一子さんと梅津さんのトリオのライブをバードでしたことがある。中村さんはボサで、一子さんはピアノの妖精、梅津さんはサックスのマジシャンだ。中村さんの「街角」というアルバムに、この3人が共演している。3人共音楽の許容範囲が広いので、結構面白いセッション風ライブだった。そしてその後、中村さんと一子さんは、それぞれ別のライブツアーで岡山に来ることになる。

この頃、ハル・ウィルナーというプロデューサーが、ニーノ・ロータとかクルト・ワイル、フェリーニを取り上げたノン・ジャンルのトリビュート・アルバムを出して、世界的にボーダーレスな音楽ファンの間で話題となっていた。世紀末ということもあってか、ヨーロッパのドイツやイタリアのデカダンス的文化がリバイバルしていた。日本でも大正ロマンがリバイバルしていた。梅津さんや中村さんの仲間のミュージシャンたちは、その辺の動きをしっかりと音楽の中に取り入れたアルバムを出していた。

梅津さんの「キネマ」とか中村さんの「シネマイタリアーノ」はいろいろなミュージシャンが参加した面白いアルバムだ。どちらも、もう入手困難だが……。そして梅津さんの「キネマ」の中に「シャクシャインの戦い」という曲がある。シャクシャインはアイヌの勇敢な酋長の名前だ。梅津さんはそれが気に入っていたのか「シャクシャイン」というグループを作ってしまった。三好巧郎（g.）、今堀恒雄（g.）、清水一登（p.）、水野正敏（b.）、新井田耕造（ds.）、ヤヒロトモヒロ（perc.）と錚々たる戦士を従えた酋長梅津さんだ。

城下のホテルの地下のレストランを会場にして、岡山でもライブをした。ライブ当日、メンバーは昼過ぎには集まったが、ヤヒロさんの運転する楽器車が故障して楽器が着いてない。レンタカーに乗り換えて向かっているらしい。開場ギリギリで間に合い、簡単なサウンドチェックでスタンバイ。当日、場繋ぎにDJナオを頼んでいたが梨のつぶてだ。

開演は少しずれ込んでしまった。この日は私も落ち着きなく、ライブも半分も聴けない状態でバタバタしていた。

2部に入って暫くすると、今度はホテルのほうから「音が漏れると客室からクレームが来ているので、ライブを止めて欲しい」と連絡が入った。こちらもお金を払って会場を借りているので、演奏は今さら中止出来ない。すると、ホテルはブレーカーを落とすと言い出すので、演奏を少し巻いてもらって9時過ぎにアンコールを終えた。トラブル続きのイベントだった。次の朝、ホテルのロビーで梅津さんにギャラを渡すと、その場でみんなにギャラを払っていた。さすがに、シャクシャインの酋長だ。

また、梅津和時、鬼怒無月（g.）、早川岳晴（b.）、Joe Trump（Dr. Per.）というハードコアなジャズロックのKIKI BANDのライブをデスペラードでした。ガッツリと来るロックなサウンドは、デスペラードのヘヴィメタやハードロックを演ってる常連さんたちを唸らせた。特に鬼怒さんのギターに驚いていた。そういえば、鬼怒さんとヤヒロさん、バカボン鈴木さんが音協主催のコバのコンサートのバックで来ていた時、アフターに3人と私でイマージュで呑んだことがある。鬼怒さんも凄いギタリストだ。その後、鬼怒さんとも様々な縁で繋がっていくこととなる。

2005年9月11日に、鬼怒無月、吉田達也（ds.）、ナスノミツル（b.）の「是巨人」というハードコアなバンドのコンサートをしたことがある。対バンに藤原弘達の「ハミング・チンパンジーズ」、田中恵一の「Rrose Salavy/Celine」、「DJ.けんたろう」とで「いわとわけ音楽祭」に出てもらった。

梅津さんと出会って、今の時代の音楽を創り出そうとしているミュージシャンたちとたくさん知り合いになることが出来た。ジャズを「時代を切り開いて行く音楽」とするなら、彼等こそ現代のジャズメンだろう。

ヤヒロトモヒロ＝及部恭子さんがジャズピアノに

シャインで、ヤヒロトモヒロさんのグループのライブをした。黒田京子（p.）、早坂紗知（as.）、永田俊樹（b.）のメンバーだ。早坂さんは、TBMからもアルバムを出していた注目の女性のサックス奏者ということで、そこそこ客も入った。彼女はタブラトゥーラという古楽のバンドでも岡山のオリエント美術館で演奏したことがあった。普通のジャズに捉われない変幻自在の演奏をするグループだ。黒田京子さんも当時は無名だが、キラッとするピアノを弾く。ヤヒロさんを始め、やはり東京のミュージシャンは音の構成といい、レベルの高い演奏を繰り広げた。

ライブの間中、最前列で椅子の横にサックスを置いてノリノリで体をくねらせている客がいる。赤田晃一さんだ。2部の終盤に入ると、サックスを持って今にも乱入しようと構えている。さすがにヤヒロさんも「仕方ない」とばかり、アンコールで赤田さんをステージに迎えた。赤田さんは、喜々としてソプラノ・サックスを吹きまくった。出来はともかく、勢いは大した根性であった。正に乱入である。しかし、彼のサックスの音は真っ直ぐ綺麗に伸びている。ヤヒロさんから「モモタロウ」というあだ名を付けられた。以来、私は赤田さんのことを「モモタロウ」と呼んでいる。

彼は奈良の大学を卒業して、岡山に戻ってきた。お父さんが亡くなって、少ない遺産を分けてもらった。その遺産で、ソプラノ・サックスを買ったそうだ。綺麗な音が出るので、フリースタイルで、当時至る所で演奏に乱入していた。フリースタイルのサックスは、まだ岡大ジャズ研や岡山のジャズ界などでは受け入れられなかった。サンバンのロックやブルース、フォーク仲間には重宝された。赤磐の出身だが、結構な豪邸に住んでいる。本人曰く「やたらと大きいだけの家」だそうな。お母さんの愛情がたくさん入った料理のせいか、健康優良児以上に育ったようだ。これが機で、彼は岡山フリー・インプロヴィゼイション・クラブの活動に参加してくれるようになった。

彼は、そのサックスのスタイルから梅津和時さんの演奏に傾倒していった。シャインで、ウェイン・ホロヴィッツ（key）とサム・ベネット（perc.）、梅津和時のメンバーでニューヨークの最先鋭のインプロヴィゼイション・ミュージックのライブをした。刺激的な個々の演奏が格闘しながらも協調して、ハイテンションなサウンドが交錯してゆく。様々な音楽の要素が混ざり合ったフリージャズの次の段階の即興音楽だ。聴く方も力が入る。入った分だけ高揚してくる。さすがに彼の乱入出来るような音楽ではなかった。

その集客は少なかった。フリーミュージックを岡山という地方都市で紹介し続けて行くことに息切れを感じ始めたライブでもあった。「ニューヨークの先端の音楽がニッティング・ファクトリーへと移っているのだなぁ」と思ったライブでもあった。

ヤヒロトモヒロさんはその頃、よく岡山に来ていた。いつも個性のある実力ミュージシャンを紹介してくれる。サンポーニャとケーニャというボリビアの楽器を演奏する瀬木貴将さんのデビュー・ツアーで鬼怒無月さん、谷川賢作さんとの4人で回っていた。岡山では及部さんの家でよく開催していたホーム・ジャズ・パーティーでライブ演奏をすることにした。瀬木さんは巨漢で私より背丈があった。逆三角形の体型は、「肺にたくさん空気が溜まってサンポーニャやケーニャを吹くには良い」などと、私は勝手な憶測をしていた。

及部さんちのホーム・パーティーは、本職が民芸風のうどん屋さんなので家庭的な美味しい料理が盛りだくさん並んでいる。だから、及部さん一家のなごやかな家風もあいまってたくさんお客さんが集まる。うちの嫁さんも「およべ」を手伝っていたので、子供を連れて当日の手伝いに入っていた。及部さんも子沢山で6人きょうだい。長女の恭子さんはしっかり者で、裏方を仕切っていた。あとの子はうちの子と子供たち同士勝手に遊んでいた。

コンサートが始まると、ケーニャという珍しい楽器にみんな聴き入っていた。私もザンフィルのケーニャくらいしか知らないので、演奏云々という聴き方でなく、ケーニャの音そのものを楽しめた。しかしバックのサウンドはヤヒロさん率いる無国籍エスニック・ジャズだ。

このグループは津山でもライブをした。津山には植月学さんというギタリストが居て、彼がいろいろとヤヒロさんや梅津さんの関係をお世話してくれた。植月さんの愛称は、ウエポンでMａcの特約店に勤めている。そしてレコードも買いによくLPコーナーに寄っていた。

私もMａcを愛用していたので、ウエポンとはMａc繋がりでもある。まだインターネットが世間に出始めたばかりの頃で、2人して音楽のサイトを立ち上げようと意気投合した。平井康嗣の（やすし）からYambow、植月学の（まなぶ）からMambow、とハンドルネームをつけて「Yambow&Mambowの音楽情報」というホームページを立ち上げた。

これを立ち上げるのに飛岡内科の飛岡宏先生にもなにかと尽力頂いた。飛岡先生は、実はコンピューターのスペシャリストだった。当時は電話回線での通信で、速度が1メガ以下で大変遅かった。だからデータ量の小さいページを作らなければいけない。写真を入れることすら考え物だった。今では考えられないネットのインフラ状況だった。

最初はウエポンと、メールでやり取りなどしながら1年くらいはお互いにメンテナンスをしていた。しかし2人とも音楽屋なので、手間の掛かる事務的作業は苦手である。彼も音楽とアルコールが大好きで、Yambow&Mambowのページはいつしか風化していった。そういえば、乗金さんが後で「僕も、Tombowで寄せてくれ」と、言っていた。

ウエポンはギターが好きなので、ヤヒロさんのライブのアフターはヤヒロさんが連れてくるギタリスト、宮野弘紀さんや中村善郎さん、鬼怒無月さん等とセッションする。会場は津山のジャズ喫茶「邪美館」からライブ居酒屋「もり田」だ。邪美館は本来旅館で、その1階がジャズ喫茶になっている。2階に広間があってライブの後は遅くまで賑やかにしたものだ。

PAは津山でピアノ調律をしているピアノ工房AMZ（アムズ）の松岡一夫さんが担当してくれた。それに、真庭のエスパス・ホールを世話された近藤英二さんにも毎回手伝いに入って頂いた。そして加茂の材木業の小峪祥孝さんにもご協力頂いた。

10年くらい岡山=津山コネクションはいい関係が続いていた。夜中、私が残業しているとよく酔っぱらいのウエポンが電話してきて、馬鹿話を1時間くらいしたものだ。私は外で呑んでいたが、彼は家で呑んでいた。だから取り留めなく呑んでしまうようだった。それが良くなかったのか、体を壊してしまった。何度か入退院を繰り返し、2008年2月、帰らぬ人となってしまった。宮野弘紀さんが葬儀に駆けつけて追悼の演奏をしてくれた。愛妻家で、みなみらんぼうの本を愛読していた愛すべき津山のギタリストだった。

ヤヒロさんが、続木力さんというハープ（ハーモニカ）奏者を連れてきたことがある。中村善郎さんと、ベースの吉野弘志さんとのツアーだ。岡山近辺と尾道の「ロダン」という音楽バーでライブをした。私もレコード・CDの即売ということで、尾道まで付き合った。そして、及部恭子さんが助手として同行してくれた。「ロダン」は石川昌一さんという音楽コレクターが経営するお店で、店の中は所狭しと世界中の貝が飾ってある。それと、ポータブル蓄音機という弁当箱くらいに小さく折りたためる珍しい蓄音機がたくさん展示してある。石川さんは根っからの趣味人だ。レコードもトラッドジャズ、中間派、そしてスウィングジャズが好きで2階の部屋はLP盤やSP盤、CDで埋まっている。ラルフ・サットンのファンで尾道に招聘したこともあるそうだ。今回もこのツアーを快く受けて頂いた。

店の中はちょっとエキゾチックな異空間になっている。全国を旅しているミュージシャンたちも感嘆の声を上げ、店の中を見て回っていた。朴訥とした続木さんのハーモニカは哀愁があって、なかなか味のある演奏だった。その後、尾道で続木さんのファンクラブが出来たようだ。

ライブが済んだ後は、未成年の恭子ちゃんを送ってゆかないといけないので、打ち上げはパスして一路岡山へと急いだ。岡山に近づくと霧が出ていて、旭川の土手道を車が転がり落ちないように、トロトロ運転で零時頃無事送って帰った。我が家に着くと「事故でもしたら、なんと言われるか！」とヨメさんにカンカンに怒られた。

それでも、ホーム・パーティーやジャズのライブに接することの多かった恭子ちゃんは、いつしかジャズピアノを習いだした。京都の藤井貞泰先生や東京の橋本一子さんのところへ習いに行ったようだ。そして、岡山のジャズピアニスト藤井雅紀さんに教わってバードで演奏するようになった。凄く優しく丁寧な女の子だが、実は負けず嫌いの芯の強い性格だったのだろう。岡山から次の高みを目指してか、ニューヨークに単身ジャズピアノを弾きに行ってしまった。今は年に1度、ニューヨークのジャズメンを連れて凱旋コンサートをしている。私も楽しみにしている。

中村善郎さんとピエール・バルー

1995年頃、中村善郎さんは当時「NOS」というボサノヴァのツインギターのバンドを宮野弘紀さんと組んでいて、安田久美子さんの「アフターミュージック・カフェ」(今はないが、丸の内にあったカフェ)で、ギター・デュオのライブをした。宮野さんは、マイルス・デイビスともレコーディングをしているギターの名手だ。宮野さんの超絶技巧のギターと日本のアントニオ・カルロス・ジョビンこと中村さんの歌とギターで、本格的なボサノヴァのサウンドに店内はほころんだ。津山でも植月さんがこのライブを引き受けて、宮野さんとはその後親しく交流していたようだ。それから、中村さんはピアノのファビアン・レザ・パネさんとも岡山に来ている。パネさんは、大貫妙子さんや小野リサさん、アン・サリーさん等のバックやデ

中村善郎&宮野弘紀「NOS」1994

ィック・リー等の映画音楽監督なども手掛けていて、独特の音楽性をもっている鬼才だ。おかやまJAZZフェスティバルにも小野リサさんと出演されている。

中村さんは、世界的にも評価されていて色々な人脈がある。リヒャール・ガリアーノ（ポスト・ピアソラの第一人者）やピエール・バルーとも親しく、岡山でピエール・バルーのライブをすることが出来た。ピエール・バルーは、あのクロード・ルルーシュ監督の映画「男と女」に出演していて、シンガーソングライターとしても活躍している。フレンチ・ボサの仕掛け人だ。また、ブリジッド・フォンテーヌの名盤「ラジオのように」を制作した音楽レーベル「サラヴァ（Saravah）」の主催者でもある。ポップでアヴァンギャルドな音楽性の持ち主だ。

ピエール・バルー　MO:GLAの打ち上げ

2004年4月28日、MO:GLAでピエール・バルーのライブが実現した。岡山駅への送迎は、安田久美子さんにも協力して頂いた。中村善郎さん、ヤヒロトモヒロさん、そしてピエール・バルーの娘のマイア・バルーさんを交えてのライブだった。打ち上げはそのままMO:GLAで行い、ピエールさんたちを囲んで、遅くまで盛り上がった。ピエール・バルーさんの人柄は、マーク・マーフィーやリー・コニッツにも通じる「自己表現の人生を成し遂げてきた自由さ」みたいな雰囲気を醸し出していた。「そう言えば、バンさんこと花房秀明さんにも似たような雰囲気があるなぁ」などと、ふと思ってしまった。この本の原稿を書いている最中の2016年12月28日、ピエール・バルーさんは天国に召された。享年82だ。出会ったのはこのライブだけだが、私の人生観に間接的ではあるが様々な影響を与えてくれた偉大なクリエイターだった。合掌。

谷川俊太郎さんの息子で、谷川賢作さんというピアニストも、ヤヒロさん＝中村さん繋がりで岡山に来るようになった。谷川さんはヨーロッパ系のピアニストで、イメージの拡がるピアノを弾く。谷川俊太郎さんの詩の朗読と賢作さんのピアノで、私のヨメさんがライブをしたことがある。バードでも、赤田さんとお手合わせした。

岡山出身のジャズ・サンバのピアニスト、Mika Moriさんはニューヨーク、ブラジルと世界的に活動している。年に1、2度岡山に帰ってくる。最近、中村善郎さんとPenny Laneでライブをしたことがある。マッタリ系の中村さんと、チャキチャキのミカさんのピアノでは少しすれ違っていたようだが、その演奏のやり取りもまた面白いモノがあった。ミカさんは2014年、ルネス・ホールでセルジオ・バローゾ(b.)、ラファエル・バラータ(ds.)というブラジルのトリオでライブをした。また、マルコス・ヴァーリ等とブラジル録音で、ミカ・サンバ・ジャズ・トリオの「バランソ・ゾナ・スル」というアルバムも出して高い評価を受けている。

橋本一子さんは、中村さんとのデュオで及部さんの家で、ボサノバ・ジャズのホームパーティー・ライブをしたことがある。橋本一子さんは岡山駅西口のカフェでもトリオでライブをした。

2003年、おかやま国際音楽祭の一環でライブを開催した、ヤヒロトモヒロさんの結成して間もないグループ「ガイアクアトロ」は、金子飛鳥さん（vl,vo.）、ヘラルド・ディ・ヒウストさん(p.)、カルロス・ブスキーニさん(b.)、ヤヒロトモヒロさん(perc.)と無国籍ミュージック・バンドだった。ピアノのヘラルドさん、ベースのカルロスさんはヨーロッパ在住のアルゼンチン人で、金子さんもアメリカ在住だ。ミュージシャンのレベルも高いが、音楽もワールド・ワイドな新たなジャズサウンドだった。その後も毎年ヨーロッパツアー、ジャパンツアーを行っている。岡山にも2、3度来ている。ヨーロッパではかなりの評価を受けているが、日本ではまだ知名度が低い。しかし、演奏の内容は毎回洗練されて面白くなっているので、応援してゆきたいグループだ。ヤヒロさんはピアノのウーゴ・ファルトーゾさんともルネスホールでデュオライブをしている。ヤヒロさんのライブにはいつも、岡山のパーカ

橋本一子（左）と

ッショニスト、キンターナ長崎さんが協力してくれる。そして倉敷のフェリーペ中村さんも、ヤヒロさんと共演している。

中村善郎さんは、つい最近２０１６年2月3日に、蔭涼寺で品の良いピアニスト宮野寛子さんとのデュオコンサートも行っている。

梅津和時さん、ヤヒロトモヒロさん、中村善郎さん等の周囲のミュージシャンたちは独自の音楽性でもって、新しい音楽を目指している。もっともっと彼らの音楽が注目される世の中になって欲しいものだ。

表町生活向上委員会

「ブルーレコード」という音楽のフリーペーパーがあった。乗金さんと私はそれにコラムを書いていた。米田一さんという音楽好きのブルースマンが、ほぼボランティア状態で編集をしていた。大阪とか広島にも音楽を中心としたフリーペーパーが色々あって、それぞれの街に息づいている文化、音楽の周りには音楽だけでなく様々な文化が付随している。

岡山にもライブハウスは、ペパーランド、デスペラード、MO:GLA、イマージュ、バード、ブルーブルース、デリートなど表町商店街の周辺に結構点在している（ペパーランドは岡大の近く）。喫茶店、飲食店、アパレル、美容院などのお店。音楽や写真、イラスト、工芸、デザイン、演劇、絵、詩、エッセイ等々の表現活動をしている人たち。色々な人が飲食やお喋り、イベントで交流する中から、その街の文化が生まれてくる。岡山にもそんな文化を紹介するフリーペーパーを作ろうと思った。１９９８年秋のことだった。

ちなみに当時、地元の岡山っ子は駅前よりも表町界隈で飲み歩いて遊んでいた。（というか、実は私が飲み歩いていたのだ）ライブハウス、ミュージックバー、ＤＪバーなど岡山の音楽情報を中心としたフリーペーパーを作ろうと、声を掛けて編集会議をイマージュで行うことになった。

イマージュは当時はまだライブハウスでなく、表町の中之町商店街の裏通りにあって、ストーンズが好きなノリノリのママが経営するミュージック・バーだった。メンバーはイマージュの山縣陽子（今は高倉陽子）さん、森下優子さん、菅野恵美さん、田中麻理さん、秋山貴さん（デスペラードのマスター）、秋篠典子さん、澤田伸子さん（漫画家・山吹あらら）、田川郁子さん、青木光男さん、波間勝映さんたちが集まった。

フリーペーパーのタイトルは、田中麻理さんの提案で音楽の譜面をなぞらえて「シーツ・オブ・ミュージック」、略して「S.O.M.」に決め、隔月発行でスタートした。この編集の集まりは「表町生活向上委員会」とした。「生活向上委員会」という名前を使うに当たって、梅津和時さんに了解を得て、創刊へのエッセイを頂いた。

そして創刊に向けての作業が始まった。広告集め、コラムの原稿依頼（コマンドの直さんも協力してくれた）、店の取材、フリーペーパーを置いてもらえる店の開拓等、作業の内容は多岐に渡った。初回のマップの制作は紙面制作も兼ね、菅野さんが頑張ってくれた。各ライブハウスのライブ・スケジュールを日にち毎にまとめたので、スケジュール表制作にも手が掛かった。私は使い慣れないイラストレータ

シーツ・オブ・ミュージック

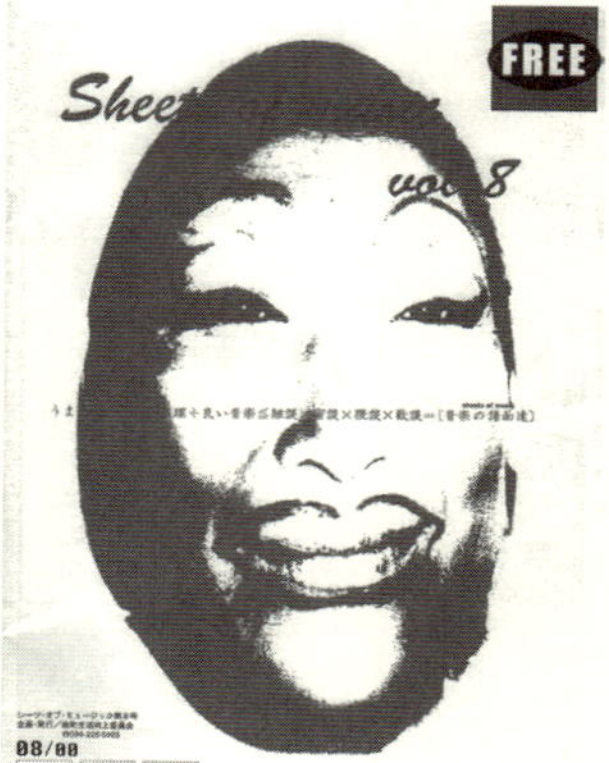

シーツ・オブ・ミュージック

ーで、スケジュール表制作に協力した。

ドタバタしながらなんとか創刊号を出し、手分けしてみんなで配った。田中さんは編集や営業に、森下さん、田川さんが配布を、よう子さん、秋山さんは、人脈を使って営業を、秋篠さんは飲食店の取材、澤田さんは4コマ漫画、山縣さんも面白いイラストを描いて、秋山さんと青木さん、波間さんはコラムを書いた。「きんたまん」こと金光一孝さんもコラムで参加してくれた。何となくみんなの役割が出来上がり、発行の度に盛り上がっていった。途中から、中央町の蔭凉寺の副住職（今は住職）の篠原真祐さんが参加されて、編集・制作に協力して頂いた。当人も写真が趣味で、表紙やギャラリーを担当した。

このS.O.M.は4年程続いただろうか。しかし、いつも赤字だった。まして、みんなのギャラが出るほどのスポンサーは集まらなかった。協力して頂いたみなさんに充分なお礼が出来ないまま、私が力尽きてしまった。それでも、飲食店の取材・記事を担当していた「ゲロリン秋篠」こと秋篠さんが、「山吹あらら」こと澤田さんと「エンゲル・あららの飲んで食べれ場」という岡山のイラスト・グルメ本を出した。これが、ヒット作になって秋篠さんは「エンゲル秋篠」で独立することになった。S.O.M.の中では、唯一めでたい話だった。

岡山音楽シーン・夜のパトロール

当時の私は、店のシャッターを降ろすと野田屋町から表町3丁目の寝床に帰るまでに、表町という関門を通って帰らなければならなかった。どうしても、どこかのライブハウスか音楽バーのパトロールをしてしまう。「イマージュ」も最初は田町の方のブライダルのビルの角にあった。ソウルバーとして林徹さんが初代マスターを務めていた。林さんが濱野さんと結婚して、次に矢内宏幸さんが2代目マスターを受け継いだ。ビルのオーナーが店を閉めたので、スタッフだった山縣陽子さんが表町のオランダ通りで同じ名前の「イマージュ」で店を出した。陽子さんは、ストーンズが好きで、ロックバーに衣替えしたため表町界隈のロッカーたちが集まって来た。そんなこんなで、S.O.M.の表町生活向上委員会が出来たのだ。クリスマス・パーティーは、朝までの無礼講だ。

アメリカンスタイルのライブハウス「デスペラード」も県庁通りにあったが、遅くまで営業出来ないので表町の細堀に引っ越してきた。オーナーの秋山貴さんは調理師の免許も持っているので、おでんや刺身などの一品料理はそこらの居酒屋より旨い物が出てくる。酒や焼酎もこだわりの銘柄が揃っている。ライブが終わると11時頃からカウンターは居酒屋「デスペラード」と変身する。サトちゃんこと石川聡子さんが、酔っぱらいの相手をしてくれる。私は仕事が遅い時は、小腹を満たすにはちょうどよかった。すると、ついつい何か面白いライブをしようなどと話が膨らんでしまう。

「ブッカンギネ」というハイチのロックバンドのライブをしたことがあった。ハイチの大使も同行して、一大イベントとなった。レゲエでなくブードゥー教の妖しいリズムで、店内は異様なトランス状態と化した。また、結構アヴァンギャルドな外タレのライブもした。ロフトジャズのヴァイオリニスト、ビリー・バングと羽野昌二のライブもあった。年末は、コマンドの忘年会とデスペラードの年越しライブで二晩寝ずの夜が続く。この頃、内田晃弘さんこと二郎丸さんというフォークブルース・ギターのシンガーがいた。いい歌を歌う。いつもデスペラードかイマージュのカウンターで酔い潰れていた。愛

夜のパトロール／若かりし頃の平井

すべきミュージシャンだったが、２０１４年、早すぎる人生を終えてしまった。合掌。

ジャズの関係ではビストロ・バン（BAN・C）によく行った。シンフォニーホールの裏通りにあったジャズバーだ。バンさん好みのレコードを配達しては、マッタリと呑んでしまう。客が居ない時は、２人でローズマリーなどに呑みに出かける。店を出ると、バンさんは何をしでかすか判らないので家の近くまで送って帰る。バンさんの酔狂は好きであったが、周囲は結構困っていたようだ。あと、テリーこと都築輝夫というジャズの好きな呑み友達がいた。歌が上手い。フランク・シナトラが好きで、マイクを手にするや夜の街のスターに変身する。しかし、酒癖が悪く潰れるまで呑んでしまう。結局、私が家まで送ることとなる。愛すべき酔っぱらいだ。しらふで歌えば、ちょっとしたジャズシンガーになれただろうに……。

VI

岡山のジャズ＆音楽イベント

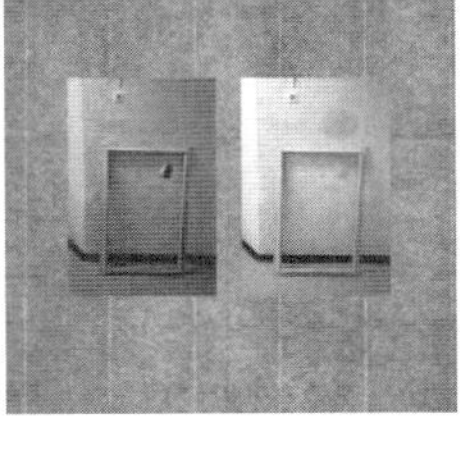

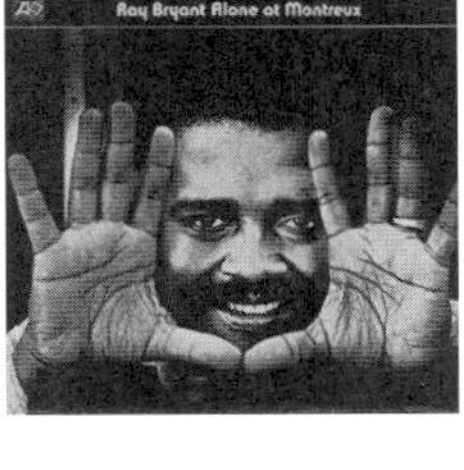

ソロ・ピアノ・コンサート

1982年、シャインでレイ・ブライアントのソロ・ピアノのライブをした。その日はたまたま、倉敷のアベニュウでジャズ・フォーラム岡山の出井さん、東谷さん主催のレイ・ブラウントリオのライブと重なってしまった。名前も似ているので余計に集客が大変だった。客は30人も居なかった。しかし私の好きなピアニストだ。

ライブが始まると、シャインのくたびれたアップライトのピアノが甦った。ドライヴ感溢れるソロ・ピアノは正に「アローン・アット・モントルー」のピアノそのものだ。タッチがしっかりしているせいか、激しく連打してもピアノの音が生き生きと一音一音はっきりと聴こえてくる。間近で黒人のピアノを聴いたのは初めてだった。「これが黒人のドライヴ感なんだ」と、感激してしまった。

ライブの後、レイ・ブライアントと数人で中華を食べに行った。レイはジェントルマンで落ち着いた口調で、音楽や人生のことを喋ってくれたのだが、その当時の私はそれを理解する語学力がなかった。ツアーマネージャーは北海道の人（名前が思い出せない）で、レイ・ブライアントが好きで個人的に招聘して、全国ツアーを組んで回っていた。30歳そこそこの人だった。その彼に通訳をしてもらった。しかし、彼とはその後縁がなくなった。その後、外国の芸能人の招聘が、個人では申請出来なくなってしまい、多分彼もリスキーなプロモートの稼業を辞めたようだ。しかし、これがきっかけかソロ・ピアノが好きな私は、何度かソロ・ピアノのイベントをすることになった。

1988年、岡山県立美術館が天神町に出来た。その2階に200人程収容の立派なホールがあって、お金持ちの県民から寄贈されたスタインウェイがあった。こけら落としに加古隆さんのソロ・コンサートを企画した。

加古隆さんといえば今やNHKの「映像の世紀」のテーマ曲で有名なピアニストだが、当時は知る人ぞ知る前衛のジャズ・ピアニストだった。JAPOというECMの姉妹レーベルからオリバー・ジョンソン（ds.）、ケント・カーター（b.）のTOKというピアノ・トリオで「PARADOX／パラドックス」というアルバムを発表していた。ヨーロッパでも高い評価を受けていて、高木元輝や富樫雅彦さん等とも演奏したアルバムを吹き込んだりして、日本のフリージャズを代表するピアニストの一人として活躍していた。

私は県立美術館にそのプレゼンテーションをする日、二日酔いの頭痛が激しく、県立図書館の前にある「サラサ」というギャラリー喫茶（イリミテが営業を辞めた後に出来た喫茶店）のママ、金田さんに一緒に来てもらい、めでたくコンサートにこぎ着けることが出来た。

タイル張りの壁で囲まれたコンサートホールはこぢんまりとしていて、ジャズの演奏には持ってこいの大きさであった。しかし、少し音が回りすぎるようだったが、ピアノ・ソロではPAを入れなくともちょうど良い環境だった。コンサート当日は、美術館ホールの初めてのライブということもあってそこそこの集客だった。硬質でシャープな加古さんのピアノは、前衛とナルシシズムが交差する素晴らしい演奏だった。

その頃、彼は宮沢賢治の世界を音楽にした「KENJI」やパウル・クレーの絵をイメージした「いにしえの響き─パウル・クレーの絵のように」などのアルバムを発表して、前衛から独自の音楽観を追求していた。

2年後にジャン・ジャック・アヴネル（b.）、ネネ（ds.perc.）、シェール・ティディアンヌ・ファル（perc.）と、フランスのミュージシャンたちを連れて「幻想行」というアルバムの発売記念コンサートを同ホールで公演した。そのコンサートはフランスの洗練されたエキゾチックなワールド・ジャズだった。私はそのサウンドに鮮烈な感銘を受けた。私の中では新しいジャズの方向性として覚醒し、フレンチ・ジャズやフランス発のワールド・ジャズやワールド・ミュージックに興味を持つようになった。サリフ・ケイタ、アンジェリーク・キジョ、KALI等音楽の世界が拡がっていった。

コンサートの打ち上げで、2次会はナオがレコードを回すダンス・クラブに連れて行った。フランスのミュージシャンたちは喜んでいたが、加古さんは苦手だったようだ。それから加古さんとは疎遠になった。その頃から彼はフリージャズでなく、日本の世界に通じるコンテンポラリーミュージックを目指していたのだ。それが「パリは燃えているか」とＮＨＫの「映像の世紀」のテーマ曲に繋がっていったのだろう。

もう一つ、加古さんにまつわる想い出がある。私のフレンチ・コネクションからスティーヴ・レイシーのオファーがあった。岡山の某大手企業に音楽文化メセナとして協力を依頼したが駄目だった。加古隆は知っていても、彼の音楽の師匠スティーヴ・レイシーまでは知らなかったようだ。まっ、スティーヴ・レイシーの公演は岡山では50人も入らないだろうが……。そして、スティーヴ・レイシーとはニアミスをしたまま、２００４年にこの偉大なジャズの変革者はこの世を去った。合掌。

その後、岡山県立美術館ホールでは、エグベルト・ジスモンチのソロ・コンサートをした。つい最近、東京で彼とナナ・ヴァスコンセロスとのデュオ・コンサートがあるというので行くことにしたが、体調がすぐれなかったナナ・ヴァスコンセロスが急死したため「ナナ・ヴァスコンセロスの追悼コンサート」となってしまった。この時、私が書いたライブ報告は稲岡邦弥さんが主宰するウェブ・ジャズマガジン「JAZZ TOKYO」に載っている。

そもそも、このジスモンチのソロ・コンサートの話は1年程前にさかのぼる。オリエント美術館でミルチョ・レヴィエフというジャズ・ピアニストのコンサートがあった。ベースにデイブ・ホランド、ドラムにヤヒロさんが入っていた。プロモーターはタッド・ガーフィンクルという「MA Records」を主宰する音楽プロデューサーだった。コンサートの後、私はヤヒロさんにタッドさんを紹介してもらい3人で食事に行った。

ヤヒロさんは、タッドさんがベジタリアンだと知っていてわざと焼肉に誘った。すると、タッドさんと私はECMの話で盛り上がってしまい、エグベルト・ジスモンチが凄いということで、彼を日本に招聘しようという話になった。タッドさんが、「今度、結婚するからブラジルに新婚旅行にいった時、話をつけてくる」ということになった。私にとってエグベルト・ジスモンチのアルバム「輝く水」は衝撃的だった。学生の頃の話だ。彼のブラジル盤レコードを求めて京都に行ったことがある。

エグベルト・ジスモンチはブラジルでは国民的演奏家でもある。ブラジルの留学生も何人か店に覗いた。ところが、コンサートの前日、エレベーターで手を挟んだため演奏が出来ないと、コンサートがキャンセルになった。青天の霹靂である。とりあえず県外から予約しているお客さんを優先して電話でその旨を伝えたり、ウチのヨメさんも手伝って大パニックだった。しかし、「申し訳ないので2週間後に再びコンサートをする」ということに決まって、県立美術館にも了解して頂き、一から準備やり直しとなった。飛岡先生にも協力して頂いて、予定していた食事会も仕方ないのでスタッフだけで食事をした。ホントに大変だった。

コンサート当日は、受付は安田久美子さんと犬養佳子さんに手伝ってもらった。受付も終わり、コンサートが始まった。すると、ロビーにモニターがあって、そこから聴こえてくる演奏だけ聴いていても、鳥肌の立つほどの内容だった。安田さんも犬養さんも感動に目を潤ませながら、中で聴いてみたいというので中に入ってもらった。私も受付の片付けを済ませて、出口のすぐ傍で聴いた。

12弦ギターのソロといい、ピアノ・ソロといい超人的なテクニックで、経験したことのないブラジルのネイティヴなサウンドが溢れ出ている。私は出たり入ったりしながら半分くらいは聴いた。PAを担当しているプロ・サウンドのオペレーターさんに、内緒で録音を頼んでいたので後で聴き直そうと思っていた。24弦ギターも持ってきていたが、手の指がまだ本調子ではないとのことで、結局岡山公演では弾かなかった。それでも、あれだけの演奏をしたのだ。

ジスモンチさんは、長い縮れ髪を頭の後ろで結んだ風体で、ナチュラルな人だった。コンサート後は簡単な食事をして、翌日はホテルに迎えに行って駅に見送った。後でホテルから浴衣がないと苦情があったが、料金は請求されなかった。日本のお土産だ。そして私が楽しみにしていたライブ・テープは、私には届かなかった。オペレーターの方が恋の逃避行をして、プロ・サウンドさんも困っていた。テープの行方も結局判らず仕舞いとなった。ステージのスポットライトを一人で頑張って担当して下さった高原勇喜さんには感謝感謝でした。

「武満徹の追悼コンサート」＝リッチー・バイラーク

１９９７年、「武満徹の追悼コンサート」として、生前親交のあったリッチー・バイラークがソロ・ピアノで全国ツアーするということで、「岡山でできないだろうか？」と、トリオレコードなどのジャズレコードのプロデュースを手がけている稲岡邦弥さんから連絡が入った。

リッチー・バイラークは、エヴァンス系のピアニストだ。ECMのソロ・アルバム「パール(Richi Beirach/hubris)」は名盤として色々な雑誌で取り上げられている。そして、「エルム／ELM」というピアノ・トリオのアルバムはジョージ・ムラーツ（b.)、ジャック・ディジョネット（ds.）というメンバーでモダンジャズ・ピアノトリオの名盤だ。ECMからたくさんの名盤を出しているが、何故かECM原盤は全て廃盤になっている。サイドメンで入っているアルバムも全てカタログからなくなっている。何か内部事情があったのだろうが、日本盤は出ているので演奏は聴ける。リッチー・バイラークはECM以外からもかなりアルバムが出ていて、稲岡さんは彼のレコーディングに結構携わっている。

その頃は、県立美術館ホールも漆喰が落ち着いたのか、当初より残響音も落ち着き、ピアノの音も程よくホール内に響くようになっていた。当初、県美ホール担当の田中克郎さんはスタインウェイをジャズに使用するのに少なからず不安があったようだが、今は協力的で使用を喜んでくれる。ピアノに限らず、楽器というのは常に音を出していなくてはいい音が出ない。もったいぶって使わなければ、無用の長物となってしまう。また音を出すといっても上手いプレイヤーが弾いていなければ、いい音は出なくなる。

リッチー・バイラークのソロ・ピアノはベストな状態でコンサートが出来た。ステージには当時LPコーナーでアルバイトをしていた古本順子さんが生け花を飾ってくれた。コンサートの後は、簡単な食事をした。すると、リッチー・バイラークは私に手の平を見せる。私の手のサイズと比べると一回り小さい。しかしいざ手を広げると、親指と小指の幅は私以上に大きく拡がる。彼はピアノを弾くのに、自分の小さい手のハンディを克服するために、親指と人差し指の間の部分を切ったそうだ。「どうだ!」と言わんばかりに、そのひろげた手を私の手に重ね

リッチー・バイラーク打ち上げ＝ドルチェッタ

ジョージ・ムラーツ

ジョージ・ムラーツ／リッチー・バイラークカルテットライブ

ビリー・ハート

てきた。白雪姫の7人の小人を一回り大きくして、まるまる太らせたような体格で、飾り気のない大食漢だった。

そして彼は、ビル・エヴァンスの名盤「ワルツ・フォー・デヴィー」の実際のヴィレッジ・ヴァンガードでのライブ演奏を聴いたらしい。あのザワザワとした店の騒音と拍手には、リッチー・バイラークが出した音が入っていたのだ。それで、ジャズに目覚めたらしい。そのことを聞いて、私はエヴァンスを身近に感じることが出来た。その体験が後、モン・プロからのトリビュート・トゥ・ビル・エヴァンスのコンサートへと繋がったのだ。

1999年11月24日（水）、リッチー・バイラーク、ジョージ・ムラーツ、ビリー・ハート、リッチ・ペリーのカルテットのコンサートの際、西川アイプラザ5Fホールで再びリッチー・バイラークに再会することとなる。ジョージ・ムラーツとリッチー・バイラークはよく一緒に活動している。その頃も「ランデヴー」というデュオ・アルバムをアメリカのマイナーなレーベルから出していて、内容が素晴らしかったが、輸入盤しかなかったので知る人ぞ知る裏名盤だ。

コンサート当日は、そこそこの入場者だった。どちらかというと、ジョージ・ムラーツがバンド・マスターのグループだったようだ。出来れば、ビル・エヴァンスのトリビュートなのでピアノ・トリオが良かったが、サックスのリッチ・ペリーもなかなか良かった。しかし、演奏が盛り上がり、終演時間を20分程延長してしまった。「また、平井さんですか」と、ホール担当の三村さんが「しょうがないナー」という顔で片付けも手伝ってくれる。ジャズのコンサートは杓子定規に時間通り行かない。そんなことも、三村さんは公務員だが心得て頂いてたので助かった。

打ち上げは、元シャイン跡の喫茶店、ドルチェッタで行った。歯科医をしているドラマーの岡崎章男さんも協力して下さり、岡大のジャズ研メンバーも参加して大いに盛り上がった。ところが、リッチー・バイラークに食事を持って行こうとすると、西蔭さんが「リッチーは過食症だから、気をつけんとあかんぞよ」とストップがかかった。2、3年前はそんな感じではなかったが、「各自いろいろ事情が、日々変わっているのだ」と、納得した。

最後に、ソロピアノの想い出に菊地雅章さんのことを記しておく。

菊地さんことプーさん。彼のピアノは、私たちジャズ喫茶世代のジャズファンには、日本が誇る天才ピアニストだ。ゲイリー・ピーコックとの「イーストワード」「ヴォイセズ」、山本邦山の「銀界」等、シャープで、繊細でセンスあるピアノタッチは世界レベルの実力を持っていた。そして「ダンシング・ミスト」で見せたスイング感溢れるピアノは、黒

菊地雅章ソロアルバム
「LOVESONG」

人のそれでなく、日本人のスイングをグルーヴにしていた。彼の音楽観はマイルス・デイヴィスにも影響を与えている。そして、彼はニューヨークで破天荒な天才アーティストとして活動していた。

その菊地さんが日本に帰ってきて、ソロ・ピアノのニューアルバム「LOVE SONG」のプロモーションとして全国ツアーをするということで、私は早々に県立美術館ホールを予約した。コンサート当日は、菊地さんは昼過ぎからホールに入った。菊地さんは専属の調律師をツアーに同行させていた。少し特殊な調律をするので調律に時間がかかるからだ。それでも、2時過ぎには調律が終わって、菊地さんはピアノを弾きだした。リハーサルで弾いているというよりも、ピアノを愛撫するかのように延々と弾いている。「これはいいピアノだ。ホールの響きも凄くいい。このホールを1週間借りて、ずっとこのピアノを弾いていたいくらいだ」と、言い出した。

軽食に20～30分休憩を取って、後は開演直前までずっとピアノを弾いていた。「ホントにピアノが好きなんだ」と、感心した。その調子で、コンサートでも延々とピアノを弾いた。淡々とした演奏の中に、沈鬱な叙情、朴訥とした優しさみたいな日本の情念が流れていく。決して綺麗で派手やかな演奏ではないが、心の内を突き詰められるような演奏だ。そして演奏に入り込むと、うなり出す。綺麗な声でハミングするくらいならいいが、オッサンの唸り声は耳障りにも聞こえる。普通の観客には面白くないかも知れない。事実、いびきをかいているお客さんもいた。

コンサートの後は、「桃源郷」という中華の店で一緒に呑んだ。プーさんは焼酎が好きだが、中国酒を呑んだ。「キース・ジャレットは、あのケルン・コンサートが全世界でミリオンセラーなんだぜ。俺だって充分、ヤツ以上のものはあるんだがなぁ。なんとかならねぇのか？」などと、愚痴りながら呑んでいる。

「そぉいやぁよ、篠原なんとかっていうションベン臭せぇタレントのよぉ、音楽を担当して欲しいって言われてんだが、知ってるかぁ」と、菊地さん。「篠原ともえ？」と、返事をすると「そうそう、そいつ。なーんか、めんどくさそうじゃん」「ジャズやってるよか金にはなるだろうけど」と、私は思ったが「キャピキャピの変な女の子じゃが。プーさんの音楽じゃないよ」と答えた。もし引き受けても、プーさんなら途中ですっぽかすだろう。「やっぱりそぉか。キースみたいに、ソロ・ピアノが売れねぇかなぁ」と、またもやキース・ジャレットに話が戻った。プーさんとは、いい酒友達になってソロ・コンサートは終わった。

その後、菊地さんは「デザート・ムーン」というゲイリー・ピーコックとポール・モチアンのトリオで県立美術館ホールに来た。キース・ジャレット・トリオにも匹敵する内容だ。ゲイリー・ピーコックは、若かりし頃シャインに泊まったらしいが、その時には演奏はしなかった。だから、ミュージシャンとしては、初めてのコンサートだ。ポール・モチアンは、以前ビル・

フリーゼル、ジョー・ロバーノのトリオで来岡している。入場料が高かったせいか、200人収容の会場は半分弱しか入らなかった。この時は、東京の「ボディ&ソウル」のキョウ子ママも同行していた。「ボディ&ソウル」の常連だった妹尾の小野さんにも何かと協力頂いた。

演奏はこのメンバーから察する通り、素晴らしいインタープレイが聴けた。ゲイリー・ピーコックもポール・モチアンも「プーさんとの方が、面白い演奏が出来る」と、菊地さんとのクリエイティブな関係を楽しんでいたようだ。この時、アフター・パーティーで、ECMから菊地さんのアルバムが出るような話を聞いた。もしそうなら、日本人では初めてのECMからのリーダー作だ。何人かのミュージシャンがECMからのリーダー作を打診したようだが、マンフレッド・アイヒャーの耳にはかなわなかったようだ。加古隆がかつてリーダー作を出したが、JAPOというECMの姉妹レーベルだったので、正式なECMからのリリースは菊地さんが初めてで、スポーツでいうところの金メダルみたいなものである。

KO PROJECT「BEYOND ALL」

「菊地雅章さんの3回目のコンサート」

2005年に菊地雅章さんは3度目の来岡を果たした。やはり、会場は県立美術館ホールだ。その時は、KO PROJECTというグレッグ・オズビー/GREG OSBY(as)とのデュオだった。「BEYOND ALL ビヨンド・オール」というアルバムのプロモーションでのツアーだ。

グレッグ・オズビーといえば、ブルックリン派という亡きマイルスのサウンドを踏襲して、アフロ・アメリカンの音楽としての新たなブラック・ミュージックのジャズを推し進めているグループの一員だ。カサンドラ・ウィルソン、スティーブ・コールマンなど、新進気鋭のミュージシャンたちが斬新なアイデアで音楽を発表している。そのグレッグ・オズビーを従えてのコンサートだ。さすがにプーさんだ。ジャズの最先端で活躍している。この頃AAOBB(ALL NIGHT ALL RIGHT OFF WHITE BOOGIE BAND)というバンドでもニューヨークの先鋭ジャズを演奏している。お客さんは、県外からも結構来られた。若い人たちも聞きつけて来ている。逆に、往年のジャズ・ファンは少なくなっている。しかし、ニューヨークの今のジャズを聴いている若いジャズファンがいることに、私は安堵した。とはいえ、入場者は100人程だが……。コンサートでは今までのプーさんとは違う側面を見たようだった。わたしもオールド・ジャズファンになっているのか、判断に戸惑う。しかし、これが今のプーさんの一面であると受け止めるだけである。

アフターは、家庭料理の定食屋さんで食事をした。プーさんは焼酎を終始呑んでいた。アルバムのアヴァンギャルドなジャケットを制作した若い女性もツアーに同行している。グレッグ・

オズビーは、歳のわりにはジェントルマンだった。酒を呑みだしたら呑ンべえになってしまうプーさんだが、「ECMと契約して、まだ録音してないのに契約金をもう使ってしまった。どうしようかなぁ」などと愚痴っている。この来日で、旧友の日野皓正さんとのアルバム「アコースティック・ブギ」を録音したり、ギャラはしっかり稼いでいたようだ。なにかの雑誌のインタビューで1億円以上の借金があるようなことを喋っていたが、それが当たり前に過ごせるというのも甲斐性というのか、「官能の赴くままに生きていく」ということの出来るアーティストなのだ。

ドクタージャズこと内田 修先生から菊地さんの話を聞いたことがある。先生がニューヨークの菊地さんのアパートに伺った時、マイルスから電話があった。電話の向こうでマイルスが延々と一人で喋っていて、一向に終わりそうもないのでプーさんも面倒くさくなったのか、内田先生に受話器を渡した。すると、なにやら音楽のことについて話して「あーでもない、こーでもない」と独り言のように喋っていたそうだ。プーさんのミニマル的な延々と続くグルーヴジャズのアイデアはマイルス以前にプーさんが演奏していた。菊地雅章のアルバム「ススト」はマイルスの影響でなく、菊地さん独自のアイデアだったのかも知れない。プーさんのマイルスと一緒にレコーディングしていた筈のテープは、お蔵入りとなっている。(最近YOUTUBEにアップされているが……)

8年程前にニューヨークのプーさんから電話があった。「平井さん、アパートで焼酎呑みながら録音したピアノの演奏があるから送ってあげるよ。ところで、ちょっとお金、融通してもらえないかなぁ」と、プーさん。「申し訳ない。私も破産して振る袖もない状態なんですよ」と、私は始めて間もないうどん屋の厨房で電話を受けた。それでも、プーさんは私家制CDRを3枚送ってきてくれた。1枚はソロ・ピアノ、2枚はモール・モチアンとのヴィレッジ・バンガードでの共演ライブだった。それが、プーさんとの最後の想い出だ。そして2015年7月7日、彼はニューヨークで75歳の人生を閉じた。身寄りの無いプーさんの葬儀は、有志の友人たちによって執り行われたらしい。鬼才、菊地雅章の蒔いた音楽はこれから花を咲かせ、実を結んでゆくだろう。合掌。

Yambow JAZZ 徒然

ジャズピアノのナルシシストたち

「鏡よ鏡、世界で一番美しいのは誰か」白雪姫のおきさきさまの有名なセリフだ。女性が鏡を見て化粧をして自惚れるのは世の常で、それを果たしてナルシシズムと呼ぶべきかは、いささか問題があるが、とりあえずナルシシズムへの第一歩なのだろう。しかし、水面に映る己の姿を見続けたナルシスは、やはり男だったのだ。ジャズミュージシャンがよくソロをとる場面で自己陶酔しているのを見るが、はた目からみるとそれ程かっこよくはない。むしろ、嫌悪感さえ抱かせるミュージシャンも中にはいる。ピアノソロ、ギターソロ、ベースソロ、サックスソロ、ドラムソロ等、色々あるが、やはりピアノソロの世界は、かなり危ないミュージシャンが目立つ。うなり声や奇声を上げるピアニスト（これはよく見かけるのだが）、ピアノに向かって踊り出すピアニスト、中には、恍惚としてよだれをたらしながら弾くピアニスト、と自己陶酔の仕方は千差万別である。このように書いてしまうとジャズピアニストは、変態ばかりに思われてしまう。しかし、目の前の視覚に捉らわれず、目を閉じて聴くと別の世界が拡がっているのだ。

25年前、ジャズのピアノ・ソロのブームがあった。キース・ジャレットの「ケルン・コンサート」を筆頭に、ダラー・ブランドの「アフリカン・ピアノ」、チック・コリアの「ピアノ・インプロヴィゼイション」、セシル・テイラーの「インデント」、マル・ウォルドロンの「オール・アローン」、板橋文夫の「藤」等々、様々なスタイルのピアニストがソロ・アルバムを発表した。この頃、このブームの火付け役であったマンフッレド・アイヒャーの主宰するECMレーベルは、透明感のあるヨーロッパジャズを発表し続け、世界中から高い評価を受けた。そして今のECMサウンドを確立させていったのだ。

現在、ヒーリング・ミュージックなるものがクローズアップされてきているが、ECMにはその類の音楽がたくさんある。しかし、単なる「癒しの音楽」だけでなくこのECMの音の中には、「限りなく耽美な世界への陶酔」といったナルシシズムが潜んでいる。ナルシシズムはともすればマスターベーションに陥りがちであるが、観念的美への自己陶酔ということに於いて、ナルシシズムはマスターベーションとは一線を画すと思っている。

スティーブ・キューン、ボボ・ステンソン、アート・ランディ、ポール・ブレイ、リッチー・バイラーク、ヨアヒム・キューンといったピアニストたちはそのリリカルなタッチと裏腹にナルシシズムが漂う。そうしてみれば、今は亡きビル・エヴァンスはナルシシズムの極め付きということになるだろうか。

先日、ＮＨＫの教育テレビでジャズの巨匠たちの番組が4週にわたってあった。最後の週はビル・エヴァンスの特集を放映していた。彼の独特のピアノの響きは、エヴァンス独自のスタイルであって、その美学を超えるピアニストは未だに現れない。多分これからも現れないだろう。ジャズ史上、白人にして彼程多くのピアニストに影響を与えたミュージシャンもいないだろう。ひたすらうつむいて、ピアノにのめり込んで弾いている彼の姿はあまりにも有名だ。

偉大な芸術家たちがそうであったように、エヴァンスもまた破滅型の人生を辿ったようだ。どうしてそうなるのか、彼の素晴らしい音楽からは想像できない。ただ、ただピアノに映る自己の音楽の中で、そしてそれを追究することだけに生きていたためかも知れない。

マイルス・デイヴィスの曲に「ナルディィス」という綺麗な曲がある。エヴァンスが好んで取り上げた曲だ。この「ナルディィス」は「エクスプロレーション」というアルバムに入っているベースのスコット・ラファロとの演奏が、私は一番好きである。「ナルディィス」と「ナルシス」ボキャブラではないが、似た響きだ。ギリシャ神話のナルシスは、もしかすると美を追求するあまり破滅してゆく人たちへの、一つの寓話なのかも知れない。

（98・2・12）

ジミー・スコットの始まり

その日の午後2時頃、いつものように客のいない昼下がりの時間だった。東京のモン・プロの西蔭さんから電話がかかってきた。

「今度、ジャズ・ボーカルを呼ぼうかと思うけど、アビー・リンカーンとかディー・ディー・ブリッジウォーターとか、どんなかいのぉ」

「ウーン、他にはどんなんが呼べるんかなぁ」

私が尋ねると、西蔭のおっさんは電話口でマリーナ・ショウ、マイルス・グリフィス、等々10人ばかり名前を挙げた。と、その中にジミー・スコットの名前があった。数日前、コマンドの直さんからジミー・スコットのビデオを借りたばかりであった。

「オッ、そのジミー・スコット、呼ぼう！」

と二つ返事で返すと、

「なんじゃや、それ。いけるんかのぉ？」

「いける！　いける！」

「ちょっと待っとけ、他を訊いてみるから」

と言って、電話を切った。

それから数時間後、また電話が鳴った。

「お前、ジミー・スコットなんぞ九州や大阪の連中、北海道のヤツも誰も知らんゆうとるぞ。ほんまに大丈夫か？」

と、怒ったような声。

「岡山は大丈夫じゃから、受ける。呼ぼうや！」

「そおか？……最悪、岡山と東京だけでやってみようかのぉ」

オヤジは、渋々了解したようだ。

ジミー・スコットのCDは、2枚ばかり店にあった。ばあさんか、じいさんか判らないが味わい深い歌声で、一度ラジオでも流れたことがある。それでも、日本盤が出ていたわけではないので、それ程知られてはいないミュージシャンではあった。実際、私もコマンドの直さんからビデオを借りるまでは、どんなミュージシャンかは知らなかった。しかし、この電話が奇蹟の人、ジミー・スコットの岡山公演、日本公演の始まりだった。その晩は、早速にコマンドに寄ってジミー・スコットの岡山招聘の話をした。

ジミー・スコット＠デスペラード

コマンドの秋田直哉さんは根っからの音楽好きで、店に寄るたびに面白い音楽の情報が出てくる。今回のジミー・スコットにしても、直さんの情報で岡山招聘の動きが始まったのだ。ジミー・スコットのビデオを持ってきたのは、服部まさひろさんらしい。服部さんも、エコライフの音楽ファンでDJナオとも友達だ。その頃、私や直さんも「シーツ・オブ・ミュージック」に原稿を書いたり音楽の情報の提供をして、デスペラードの秋山さんにも協力頂いていたので、ライブ会場はデスペラードに決めた。シーツ・オブ・ミュージックはジミー・スコットの告知に大変効果的だった。それと、シャインの跡の喫茶店「ドルチェッタ」の岡素子さんも、ジミー・スコットの大ファンで色々と御協力頂いた。彼女は、結構ディープなボーカルが好きでアフリカのヴォーカル、セザリア・エヴォラなども愛聴していた。ジャズ・ヴォーカルでもアルバータ・ハンターやマキシム・サリバンといった往年のシンガーがカムバックして、その人生観溢れる歌声に注目が集まっていた。同業者の「キングビスケット」の小野学さんもジミー・

スコットのATLANTICの稀少盤「FALLING IN LOVE IS WONDERFUL」の音源を提供してくれた。そして、来日の情報を聞いたピーター・バラカンさんが、ラジオの全国放送で取り上げてくださったようだ。そんな感じで、ジミー・スコットの来日、岡山公演は前評判だけでも異常に盛り上がった。

２０００年4月9日、駅にS.O.M.の森下優子さん、寺見圭子さんら数名でジミー・スコットを迎えに行った。新幹線から西蔭さん、マイケル・カナン（p.）、ヒリアード・グリーン（b.）、ドウェイン・ブロードナックス（ds.）等のバックミュージシャンたちが降りてきた後、ジミー・スコットはハンガーに掛かったままのステージ衣装や荷物を両手に持って、足が悪いのかヒョコリヒョコリとホームを矢継ぎ早に歩きながらやって来た。モン・プロの西蔭さんが「平井さんのぉ、ジミーにトラベル・スーツケースを買って来てもらえんじゃろうか。安いやつでエエから、頼むわ」。ジミー・スコットは長い間、音楽業界から消息を絶っていたので、ツアーなどすることがなかったのだ。成田からそのまま岡山に来たのだろう。森下さんと圭子さんに頼んで、トラベルケースを買いに行ってもらった。すると、ジミーは大変喜んで

ジミー・スコット

両手で持ち運んでいた衣装や着替えをバッグに詰め込んだ。「サンキュー、サンキュー」と、私たちに握手して回った。小柄で控えめなお爺さんだった。しかし、モン・プロのオヤジはこの代金など、私に払うつもりはないのだ。ッタク。

チェックインをして、4時頃からデスペラードに入ってリハーサルを始めた。その頃からお客さんがパラパラ並んでいた。そして、開演前となるやデスペラードには驚くほどの長蛇の列が出来ていた。開場すると、100人くらいのキャパのデスペラードは瞬く間に大入り満員となった。

演奏が始まるや、モン・プロのオヤジが「おい、平井さんよぉ、直ぐ追加公演やらんか」と、いささか興奮気味に私の所へ寄ってきた。まだ、私もばたばたしていたが、秋山さんに頼んで2週間後に会場を押さえてもらった。2部になってやっと落ち着いて、デスペのカウンターに寄り掛かりながらジミー・スコットを聴くことができた。ゆっくりと語りかけるようなジミーの歌声が、体に染み込んでゆく。そして、最後のアンコールの「時には母のない子のように」（日本の浅川マキの歌とはちがう黒人霊歌）を聴くと、何とも言えない感動がこみ上げてきて目頭が熱くなってきた。一つぶ涙がこぼれた。ふと横を見ると、デリカシーなどという言葉から

ジミー・スコットライブ

は程遠い西蔭さんも、ハンカチを持って涙を拭いている。「泣けるぞよぉ。ほんまええわ」と感動していた。憎めないオヤジだ。

ライブの後は、そのままデスペラードで打ち上げをした。みんな大いに興奮したのか、関係

ジミー・スコット第1回打ち上げ＝デスペラード

ジミー・スコット2回目＝デスペラード

者やらお客さんやら30〜40人が残った。料理はコマンドのお客さんの手料理で、大皿に盛ってミュージシャンたちもご満悦だった。そして、コジマサナエさんが零時を過ぎたころ、ドラムのクックとパーカッションとヴォーカルのセッションを始めて、もう一度盛り上がった。それから2週間後、ジミー・スコットはもう一度岡山に来ることとなった。この2回目の公演には徳島から同業者の「名盤堂」というミュージック・ショップの泉衛さんも駆けつけてくれた。

ジミー・スコット狂騒曲

2週間後にデスペラードで追加公演をして、モン・プロの西蔭さんは舞い上がってしまった。「来年も全国ツアーを組むから西日本は平井さんに任せるぞよ」てな話になってしまった。実際、ジミー・スコットは今回の日本公演がきっかけで、音楽業界の表舞台にカムバックしたのだ。「ATLANTIC」から本格的ジャズ・レーベル「MILESTONE」に移籍して新作を録音していった。そして「ATLANTIC」盤はほぼ再発売され、初期の頃の「SAVOY」でレコーディングしたアルバムやマイナーレーベルから出していたレア盤まで発売されたのだった。

ジミーの歌は、ジャズファンよりもボーカルファン、それも熟年以上の女性に深く感動を与えたようだ。ライブ会場でのCD即売は、通常のコンサートの即売より2~3倍は売れた。年老いた女性のような声で歌うジミー・スコットの歌声に、どことなく「癒し」を感じるのだ。事実、本国アメリカでのライブ会場には、夜の商売の女性や売れない芸人、同性愛者などマイノリティな人々がたくさん集まっていたようだ。ナンシー・ウィルソンやマドンナ、ブライアン・ウィルソンなど音楽業界のベテランたちからも、尊敬を集めている。ジミーさんは「リスペクト/respect」という言葉をしきりに使っていた。「人間はお互いが尊敬し合いながら、生活していかねばならない」というようなことを、彼は暗黙のうちに態度で周囲に示していたのだ。だから、翌年のコンサートのタイトルは「リスペクト・コンサート」というタイトルにした。

2000年11月、ジミー・スコットの全国ツアーとなった。結局、私はジミー・スコット日本公演の火付け役なので、西陰さんの無謀な企ての共犯者となってしまった。岡山と高松、広島、福岡の手配を私がすることとなり、岡山は三木記念ホールで行った。折しも11月9日、その日は、私の46歳の誕生日でもあった。まったくそんなことは、忘れてしまっていた。その頃ジミーの歌がヤクルトのCMで流れていたので、ヤクルトがスポンサーに入ってくれた。高松は、瀬戸内海放送が仕切ってくれた。広島は、広島放送に協力頂き、当時広島でサラリーマンをしていた私の弟にも色々と動いてもらった。福岡は、福岡放送に協力頂いて、内田夫婦とミュージック・ショップの「ボーダーライン」さんが尽力して下さった。

この1週間近い、ジミー・スコットの西日本ツアーには私も同行した。福岡以外は、私はCDの即売ということで荷物を積んで自動車で行った。ドタバタで大変なツアーだった。ジミーさんも高齢で、ハードなスケジュールはこなせなくなっていた。ステージも半分近くはバックのマイケル・カナンのグループの演奏で時間を稼いでいた。

ジミー・スコット

岡山の打ち上げは、山村さんの経営する焼肉店「東風」で行った。ジミーさんは参加するだけで、えらそうだった。それでもみんなに笑顔で付き合ってくれた。少食ながらヒジキをえらく気に入って、岡山以外でも毎回美味しそうに食べていた。「岡山は、私の第二の故郷だよ」とみんなに握手して回った。ジミーさんがホテルに帰った後、バンドのメンバーと西蔭さんとでコマンドに繰り出した。それにしても、今回はとにかく大変だった。モン・プロを通してのジミー・スコットとの関わりはこれが最後となった。1年後、ホテル・グランヴィア岡山でジミ

ジミー・スコット＝三木記念ホール

ー・スコットのディナーショーがあった。それが、ジミーさんの最後の来岡となった。
２０１４年６月12日、ジミー・スコットは米ラスベガスの自宅で死去。88歳だった。カムバックしてからジミーは、世界中の人たちに素晴らしいものを残してこの世を去っていった。亡くなるまで、ジミー・スコットの日本のホーム・ページを管理して下さった綾悦子さんには、心から感謝している。彼女と一緒に一度大阪のブルーノートにジミーさんに会いに行った。もう車椅子姿だったが、初めて会った時と同じ笑顔で迎えてくれた。
RESPECT JIMMY SCOTT FOREVER

日本のヴォーカリストたち

学生の頃、私の部屋は離れになっていて、家の横の木戸を開けて直接部屋に入れるようになっていた。そのためか、大学浪人の頃からたまり場となって「平井組」という名で集まっていた。私はさしずめ組長だ。といっても、不良の溜まり場であったわけでなく、麻雀をしたりトランプ遊びやゲームをしたり、漫画を読んだり、受験浪人の気を紛らわせるたまり場だったのだろう。よくたまっていたのは、株丹、加治、五藤、山本、小川K、小川T、沖、那須、三宅。大学に入っても平井組は続いた。大学の友達の上田が、フォークが好きでよく私の部屋で聴いていた。吉田拓郎、岡林信康、ユーミン、井上陽水、古井戸、ディラン・セカンド、山崎ハコ、友部正人、森山良子、小椋桂、等々。私が最初に聴きに行ったコンサートは、高校生の時の森山良子だった。彼女の両親がジャズミュージシャンだったのを知ったのは、ＬＰコーナーに入ってからだった。

【山崎ハコ】

山崎ハコのコンサートには大学時代に行った。山陰の鳥取で三根さんという日本のジャズメンのプロモーターをしている一癖二癖あるオヤジがいて、ある日「平井さん、山崎ハコをやらんかな。よう入るで」と連絡があった。もう名前を聞かなくなって久しい歌手だった。学生の頃の想い出もあって、デスペラードで演ることに決めた。ギターの弾き語りのソロライブだったが、昔の知名度もあって人は集まった。

今にも壊れそうな華奢な体でライブ・パフォーマンスをした。ところが、懐メロ・フォークでなくブルースや今の彼女の歌を歌った。昔のあの独特の陰のある歌声だが、ヴォーカリストとして健在であった。ライブの後、打ち上げに誘ったが体調が良くないのでホテルに直ぐ帰った。私は心配して、彼女に予約していた料理を届けに行った。しかし、ライブで体力を使い切ったのか、もうゆっくり休みたいということで会えなかった。

後日、電話をすると、延々と音楽事務所を辞めてからの苦労話をしたので私は聞き役を務めた。一番売れていた頃、事務所の社長はアパートを借りてくれてそこに住んでいた。最初はアパート代も払ってくれていい人だと思っていたが、事務所はどんどん大きくなって、新人のタレントを海外にも仕事に連れて行ったり羽振りがよくなっていった。彼女といえばアパートに半分軟禁状態で、仕事以外で外部との接触は出来ない状態にされていた。そして気が付くと、事務所の保証人にされていて社長はドロン。億単位の借金が身に降りかかってきた。身も心もボロボロになって事務所や音楽業界と縁を切ったのだ。

そして、彼女は裁判で何年も無駄な時間を過ごすより、音楽を演っていくことを選んだ。正に絵に描いたような音楽業界の裏話である。ちなみにその時の事務所の新人タレントとは、ジャズのマニアが探しているアート・ペッパーがバックを吹いたというニュー・ミュージックのLPのシンガーだ。その後一度、山本クリニックの山本智之先生が山崎ハコの大ファンで、プライベートライブをしたことがある。彼女は今でも新作を発表している。しっかりと、音楽をしているヴォーカリストだ。

【酒井俊】

阪神淡路大震災の後、「満月の夕《ゆうべ》」というソウル・フラワー・ユニオンが作った震災復興の歌がある。それを知ったのが、酒井俊さんのシングルCD「満月の夕」だった。酒井俊さんは私がシャインのバイトをしていた時代に、ジャズシンガーとしてデビューレコードを出している。私はよくシャインでかけて聴いていた。少し驚いたが「満月の夕」はいい曲だ。レディオモモの私の番組でもかけてなかなか評判が良かった。

そして1999年2月、酒井俊さんのライブをデスペラードですることになった。ギターは、またもや鬼怒無月さんだ。そして、俊さんはジャズボーカルというよりヴォーカル・インプロヴァイザーだった。昔のデビュー当時とは違って結構アクのある歌を歌うので、またもや驚いた。女性のディープな部分を表現するヴォイスだ。

その時は、及部宅でもホームコンサートをして、うちのヨメさんがいろいろと世話をしていたようだ。その後、彼女は何度か岡山に来られたが、毎回違った趣向でライブをする。コジマサナエさんとも親交があり、何かと縁のあるヴォーカリストだ。

酒井俊「満月の夕べ」

そして、「満月の夕」は東日本大震災後もアン・サリー、ヒートウェイヴ、BRAHMAN等、多くのミュージシャンたちによりそれぞれの歌い方で復興支援の歌として歌い継がれている。なぜか、あまりマスメディアでは流れない。

【与世山澄子】

１９８３年、山本剛さんのサポートで与世山澄子「イントロデューシング」というデビューアルバムがテイチクから出た。私は、彼女のビリー・ホリディのような歌い方に大変な衝撃を受けた。年代は憶えてないがデビューして間もない頃、バードで山本剛トリオと一緒のライブがあった。その控えめで清楚な出で立ちから、彼女の誠実な性格を見て取れた。

ライブの後、バードで簡単な打ち上げがあったので、少しお話が出来た。「アルバムが出てから、本州からたくさんの女性の方が私のお店に来られて、弟子にして欲しいと言われるのですが、私は丁寧にお断りするのですよ」と、いうようなことを教えてくれた。そんなことを喋る与世山さんの目は、子供のように澄んだ瞳をしていた。

そういえば、ＬＰコーナーによく通っていたジャズの好きなＯＬさんで、「仕事を辞めてジャズシンガーになりたい」と言って東京の某ジャズヴォーカリストに弟子入りした女性がいた。結局諦めて岡山に帰って来て、今は名古屋のお医者さんに嫁いで幸せに暮らしている。思いつきでジャズヴォーカリストになどなれるものではない。趣味の範囲で長く歌っている方が、ジャズヴォーカルとのいい付き合いが出来るというものだろう。与世山さんはそのあたりのことをよく判っておられる。だから、いい歌が歌えるのだ。

そのライブから10年は経っただろうか、山本剛さんはその頃毎年、牛窓の「ホテル・リマーニ」で東谷さんの仕切りで「シーサイド・ジャズ・ディナー・ショー」をしていた。当時、ビストロ「BAN・C」というロビンソンクルーソーを閉めた後、バンさんが1人でやっている趣味のいい店があった。ある夜、たまたま岡山方面で仕事があった山本剛さんが呑みに来ていて、私も合流した。バンさんが「これがエエんじゃ」と、おもむろに与世山澄子さんのレコードを取り出してきて、3人で聴き惚れていた。すると、「これから与世山さんに電話してみようか」とヤマちゃんが言い出して、与世山さんに電話をした。そして、その年のリマーニのディナー・ショーは彼女に決まった。

「エエが、エエが」とバンさんと2人して喜んで、その夜は酒が進んだ。ディナー・ショーの当日、与世山さんのステージ衣装は白いドレスだった。［やはり、与世山さんは純白だ!」などと私は悦に入ってライブを楽しんだ。余談にはなるが、岡山に初瀬さんという年配のヴォーカリストがいらっしゃる。歌が好きで、慎ましやかに趣味の範囲でジャズやボサノヴァを歌っている。歳と共に出てくるなかなか味わいのある歌を歌っている。

【中本マリ】

山本剛さんは、何かと新人やヴォーカリストを岡山に連れてきてくれた。中本マリさんとも2、3度岡山でライブをした。やはり私たちの世代では、中本マリさんといえば日本のジャズヴォーカリストでは5本の指に入る大物だ。ホテル・リマーニでも山本剛さんとディナー・ショーをした。

彼女の屈託のないジャズヴォーカルは、スッと耳に入ってくる。日本人受けする何かがあるのだ。ジャパニーズ・ジャズシンガーと呼ぶにふさわしいジャズ・ヴォーカリストだ。

アフターの食事会で、「私は昔、バレエをしてたの」とステップを披露する仕草を見ると、「昔は天真爛漫な女性だったのだろうな」などと思いを馳せてしまう。彼女は、今でもライブツアーで岡山に寄っている。「ＳＯＨＯ」という歯科医の岡崎さん夫婦が経営するライブ・ハウスで年に１度ほどライブをしている。ロマンスグレーでそれなりの貫禄のある歌いっぷりで、ジャズ以外の新しいレパートリーや自作の新曲も披露してくれる。まだまだ、現役で音楽を追究している。しかし、歳に似合わない娘のような可愛いＭＣをするところが好きである。

【ミッキー・カーティス】

もう１人、山本剛さんが連れてきたヴォーカリストでミッキー・カーティスがいる。ロカビリーで有名だが、ジャズもなかなかいい味わいがある。これも、市内のホテルでディナー・ショーをした。洋楽の往年のポップシンガーが、最近ジャズを歌うのが流行っているようだ。ロッド・スチュワートやポール・マッカートニー、ニール・セダカ、ボブ・ディラン等々。

彼らには確固たる自分の歌い方みたいなのがあって、何を歌っても自分の歌にしてしまう。そして、ステージでの「花」があるのだ。多分、何万人という観客を相手にしてきてこそ自然と身に付くもので、勉強したりマネをして身に付くものではない。ミッキー・カーティスがまさにそうであった。衣装の着こなし、ステージ・パフォーマンスには「花」がある。そして彼の歌には「粋」がある。フランク・シナトラやトニー・ベネットがそうであったように。

私は当日、ミッキー・カーティスのスカーフ入りの自主制作限定のヴォーカルＣＤ「オータム・コレクション」を販売した。ジッポーに火を付けて、タバコを吸って吐息と共に煙を吐く音がアルバムのイントロになっていて「枯葉」が始まる。ミッキー・カーティスは、ステージでも大人の男を演出していた。バンさんが、当分ミッキー・カーティスのマネをして葉巻を吸っていた。最近は映画にも俳優として出演しているようだが、歌を歌っている時ほど粋ではない。


他にも色々と日本のヴォーカリストたちとの出会いがあった。

ディラン・セカンドの西岡恭蔵さんと、隠れ家的な「馬」という店で呑んだことがある。憂歌団など日本のブルース・ロックのバンドと個人的な繋がりのある相原久味子さんが誘ってくれた。のっそりとして、私と兄弟みたいな人だった。意気投合して美味しいお酒を呑んで、みんなで梯子をしたことがある。彼の代表曲「プカプカ」の歌の中の女性のモデルは、跳ねっ返りのジャズシンガー、安田南だった。ジャズファンの間では、今や希少なアルバムとなっている。西岡さんは他界してしまったが、大塚まさじさんが、彼の歌を歌い継いでいる。

憂歌団のライブの後、木村充揮さんとも「ローズマリー」で呑んだ記憶がある。木村さんの歌はソウルがあるというのか、人を引き込む力がある。「木村さんのような看板スターが、なんでこんな妖しいバーで独りで呑んでるんです?」と、私が切り出して2人で遅くまで呑んだ。「ローズマリー」は音楽好きな客が呑んだくれている店であった。「木村さんの声は、ナオのだみ声と似てるなぁ」とか思いながら、私はカウンターに潰れてしまった。木村さんはソロ活動もしていて、最近では梅津さんたちともレコーディングしている。

それから、尾道に筒井賢さんが主宰する「満鉄&金ボタン」というブルースバンドがあって、上田正樹さん、憂歌団、近藤房之助さんなどとも親交が厚く、よく岡山のライブハウスで彼らのライブをプロモートしていた。筒井さんは、私の「十六夜」の店をよく訪ねて来ては、エヴァ・キャシディー等ブルースやヴォーカルの話をした。幻の女性ブルースシンガー、Mitty Collierを見つけた時は喜んでいた。出井さんの店で彼のバンドのディナー・ライブをしたこともある。だから、打ち上げにはよく誘ってもらった。

ブルースマンでは、大木トオルがデスペラードに来たことがある。この時バックにスタッフのベース、ゴードン・エドワーズがやって来たのだ。大木トオルさんには悪いが、この時はゴードン・エドワーズのベースを目の当たりにして、耳が釘付けだった。ベースの音数が多いわけではないが、ボーン・ボーンとつま弾くベースの音がブルースしているのだ。そして大きなグルーブで音楽をリードしながら包み込んでいる。終始、目が点になって聴いていた。凄かった。

もう1人、ブルースマンというよりソウルマンのタイロン橋本さんがいる。ヤヒロトモヒロさんが2人でツアーしているので、MO:GLAでライブをセッティングした。タイロン橋本さんは、デヴィッド・T・ウォーカーやジョー・サンプルとレコーディングしているという凄い経歴の持ち主だ。

最初ヤヒロさんとはちょっと意外な組み合わせに思えたが、ギターの弾き語りとパーカッションだけでソウルフルなグルーヴを出してくる。さすが、ヤヒロさんだ。日本のライブハウスは、60年代くらいまでのR&Bやソウルには人気があるが、70年代80年代のブラック・コンテンポラリーはそれ程でもない。私はどちらかというと仕事のせいもあって、70年代80年代のブラック・ミュージックが好きだ。だからタイロン橋本さんのようなシンガーの音楽性は好きなのだ。なかなかこの時代の曲や雰囲気を持った日本人シンガーは少ない。直ぐ意気投合した。

ライブの翌日は、3人で柳町にあった「青空」という旨いトンカツ屋に食べに行った。今はもうなくなったが、男の食通の店だった。最近は、倉敷の中川真由美さん親子が経営している「Penny Lane」で、年に1度くらいのペースでタイロン橋本さんとヤヒロトモヒロさんのデュオライブが聴ける。私もいつもお邪魔している。

日本のジャズメン

【藤原清登】

１９９０年、平井和子さんという女性がＬＰコーナーに訪ねて来られた。親戚に藤原清登さんというニューヨークで活動しているベーシストが今度、倉敷の芸文館で凱旋コンサートをするという。MG4（マンハッタン・グラフフィティ・フォー）というグループで、メンバーは藤原清登（b.）、ピーター・マディスン（p.）、福家俊介（ds.）、トーマス・チェイピン（as.fl.）、橋本一子（key.vo.）だ。

ＮＹでは、サックスにケニー・ギャレットも入っている。

香川県の高松出身のミュージシャンで、東京芸大を出て、アメリカのバークリー音楽大学を経てジュリアード音楽院を卒業というサラブレッドだ。私は県内のジャズ関係のお店

MG4　Manhattan Graffti Four

を色々と紹介した。すると、同じ平井姓なのでよく私の妻と間違えられたようだ。

コンサートの前日、みんなと食事会をした。トーマス・チェイピンはどちらかというと、フリー系のサックス奏者でニッティング・ファクトリーなどにも出演していて、エリック・ドルフィーの再来とも評価されている猛者だ。藤原清登さんは、クラシックからジャズ、フリー・インプロヴィゼイションまでこなすオールマイティなミュージシャンだった。福家俊介さんは、藤原さんとは長い付き合いで、そつのない安定したドラマーだ。後で知ったのだが、事業家で社長が本業だそうだ。仕事の内容はあえて聞かなかった。

ピーター・マディスンは、白人のエヴァンス系のピアニストだ。一子さんは、今回は音楽的に前面に出られるようなメンバーではなかったのか、借りてきた猫のように大人しくしていた。平井さんは夫婦で来られていて、2人ともジャズよりワインに詳しいようで美食家だった。

もう1人、従兄弟にあたる藤原泰彦さんという年配の方が来られていて、彼が清登さんにジャズをすすめた張本人のようで、ジャズ談義で盛り上がった。私は、トーマスと気が合って色々とNYのジャズシーンのことを話してもらった。

コンサートの当日、藤原清登さんもそうだが、平井さんも瀬戸内市では名家のようで岡山のセレブな人たちが結構集まって、広い芸文館の会場がそこそこ埋まった。大したもんだ。演奏は少しフリー的なジャズだったが、スリリングで面白かった。さすがにベースのピッチはしっかりとしている。そしてカザルスの「鳥の歌」をベースのアルコで演奏した時には、唸らせるものがあった。コンサートは盛況のうちに幕を引いた。興奮が醒めやらなかったのか、私は藤原清登さんと朝方まで呑み歩いてしまった。

それからは、毎年のように藤原清登さんのコンサートを岡山オリエント美術館や勝山の西蔵、鴨方の平喜酒造の酒蔵、バードなど岡山のいろいろな会場で開催した。藤原清登（b.）、ピーター・マディスン（p.）、福家俊介（ds.）によるトリオ演奏が主だった。そして藤原清登さんはキングレコードから新しいアルバムを発表していき、「スイング・ジャーナル」の人気投票でベース部門年間1位の座を長い間独占するようにまでなった。

「スイング・ジャーナル」も廃刊となって久しいが、今でも藤原清登さんは世界的に活躍されている。1年か2年に1度は岡山に演奏に来ている。最近は、坂田明さんと蔭凉寺でライブをした。バードにも何度か新しいメンバーで演奏に来ている。トーマス・チェイピンさんはその才能を惜しまれながら1998年、若くしてこの世を去ってしまった。合掌。

【木住野佳子】

梅津さんを紹介して頂いたり、アルハンゲリスクの公園祭りの事務局を手伝ってもらった濱野孝美さんは、音楽バー「イマージュ」の初代店長だった林徹さんと結婚して可愛い女の子をもうけている。その彼女の大学時代の親友が、華麗なる女流ピアニスト木住野佳子さんだ。GRPというディブ・グルーシンが主催するアメリカのジャズ／フュージョン・レーベルから日本人初のピアノ・アルバムを発売するという快挙を成し遂げたピアニストだ。「フェアリーテイル」、彼女のデビューアルバムでもある。バックはエディ・ゴメス、マーク・ジョンソン、ピーター・アースキン、ルイス・ナッシュ、マイケル・ブレッカーと世界の一流どころが名を連ねている。そして、彼女の発売記念ツアーのライブをバードで行った。

木住野佳子（p.）、古野光昭（b.）、岩瀬立飛（ds.）のトリオ演奏だ。話題の美人ピアニストということで、たくさんの人が集まった。上手い。しっかりと基礎の出来たピアニストだ。エヴァンスのような耽美さと、軽やかでメロディアスなピアノライン、力強いタッチ、驚くようなコード展開も上手く弾きこなしている。世界レベルだ。ライブの後、バンさんの所に寄ってクールダウンすることにした。

肌寒い初冬の夜だった。岡山では、濱野さんとゆっくりしたかったのか、1日オフ日を作っていたようだった。翌

デビュー当時の木住野佳子さんと濱野孝美さん

日は濱野さん夫婦の子連れと一緒にランチに行った。ＬＰコーナーにも寄ってくれた。その時ちょうど、ブラッド・メルドーのデビューアルバムが出た頃で、店でかけていた。すると木住野さんは、彼の演奏に聴き入ってしまった。彼のコード展開や演奏の奇抜さに驚いてその場でＣＤを買って行った。ブラッド・メルドーはその後、注目の新人としてどんどん頭角を現してゆくことになる。彼女はさすがに良い耳を持っている。

その後、木住野さんは、第２回岡山ジャズ・フェスティバルにも出演された。確か、台風のさなかで、彼女の到着をスタッフがやきもきしながら待っていたのを、記憶している。それが縁となったのか、岡山の玉野出身のベーシスト鳥越啓介さんをレギュラー・トリオのメンバーに加えて頂いた。ルネスホールのコンサートでも来岡された。最近では、２０１５年に丸岡紀里江さんのライブハウス「インターリュード」にデビュー20周年記念ツアーで来られた。広島出身のドラマー藤井学さんとも久しぶりにお会い出来た。言われてみれば、もうかれこれ20年近い付き合いになるが、彼女の流麗でリリカルなピアノは、今更に日本人でも群を抜いている。

【峰厚介】

１９９３年に発売された峰厚介クィンテットの「MAJOR TO MINOR」は、この年の「スイングジャーナル」誌の日本ジャズ賞を受賞した。その発売記念コンサートを西川アイプラザで行った。メンバーは、峰厚介（ts.）、大口純一郎（p.）、秋山一将（g.）、岡田勉（b.）、古澤良治郎（ds.）だ。峰さんとはシャインの頃、市民会館での「ジャズ・オブ・ジャパン」でもお会いしていた。テナー・サックスでは当時、日本のトッププレイヤーだ。峰さんの野太いサックスをシャインで聴いていたジャズファンには、待ちこがれたコンサートだった。

コンサートは、そこそこの入場者だったが、ギャラや会場費などの経費を払うといつものように少し足が出る。ところがその上、JASRACから著作権料を払えと催促がくる。曲の使用といっても本人が自分の曲を演奏しているのだから、ギャラとしてミュージシャンには払っているわけだし、納得がいかない。電話をしてみると「JASRACに登録しているミュージシャンの曲はすべてJASRACが管理しているので、たとえ本人が演奏しても著作権料が発生する」と言う。「では、私が今回の著作権料を払ったら、本人には一体いくら著作権料が入るのか？」と問いただすと、「1割を手数料として協会が頂き、残りを払います」と言う。

仕方なく著作権料は一応払ったが腹が立つので、マネージャーに支払いのコピーを送って「入金があったかどうか連絡して欲しい」と伝えた。すると、まとめて入金になるが入金の明細などはないので、コンサートの入金かどうか判らないという。名前だけはしっかりしているが、集金だけのいい加減な金の管理をしているようだ。まさに、日本の音楽文化の不条理な部分だ。

峰さんと古澤さんはその後、渋谷毅オーケストラで西川アイプラザの前の下石井公園でも、

「楽市」という野外音楽フェスティバルに出演したことがある。この時は、故川端民生さんの弟子で、岡山在住のベーシストの井上宏行さんが主催して、フリーマーケットも同時開催の「公園まつり」以来の市民の手作りによる音楽フェスティバルだった。

世界のジャズメン

【トリビュート・トゥ・マイルス・デイヴィス】

モン・プロの西蔭嘉樹さんとは、ジミー・スコットの前から因縁の付き合いとなっていた。1998年7月24日に三木記念ホールで、「トリビュート・トゥ・マイルス・デイヴィス／ヤング・ライオン・ジャズ・オールスターズ」と銘打ったコンサートを開催した。メンバーは、カール・アレン（ds.）、マーロン・ジョーダン（tp.）、サイラス・チェスナット（p.）、ビンセント・ハーリング（ts.）、エシェット・エシェット（b.）というメンバーで、今が旬のジャズメンを集めたコンサートだ。

リハーサルから演奏を聴いていたが、カール・アレンのドラムには脱帽した。ドラムを習っているという知り合いの子供がリハーサルから入って聴いていたが、驚いたように目を丸くして聴き入っていた。８００人収容の会場で2００人そこそこの入場では、少々寂しい感じとなったが、それでも演奏は、まさに現代版ジャズ・メッセンジャーズさながらのコンサートだった。

小錦のような立派な体格をしたサイラス・チェスナットは、黒人の注目の新人ピアニストだ。当時、封切りされて間もないロバート・アルトマンの映画「カンザス・シティ」でも、カウント・ベイシー役でその腕前を披露している。マーロン・ジョーダンは、勢いのあるトランペットでサックスのビンセント・ハーリングと息の合ったセッションをしていた。

コンサートの後、カール・アレンはビジネスライクにホテルに帰ったが、他のメンバーはバードに繰り出した。アフターアワー・セッションは地元のミュージシャンを交えて1時間ほどだったが、マーロン・ジョーダンは吹き足りなかったのか、なかなかステージから降りようとしない。一晩中でも演奏する勢いで、みんな帰りたいモードになっていた。私にとっては、ニ

サイン入りcarl allen「testimonial」

ューヨークの活きたジャズに病み付きになるきっかけとなったコンサートでもあった。

【ジェリー・バーガンヂー／川嶋哲郎】

２０００年6月にテナー・サックスのジェリー・バーガンヂー・カルテットのオファーが西蔭さんから来た。その頃、川嶋哲郎が日本の若手サックスとしてデビューして話題となっていた。出身は富山であるが、岡山理科大でジャズを始めてバードの岡崎さんの肝入りなので、私も彼を応援していた。私は西蔭さんに「川嶋哲郎をジェリー・バーガンヂーにぶつけてテナー・バトルをして欲しい」と頼んだ。西蔭さんも快く引き受けて、6月7日、西川のアイプラザでコンサートをすることになった。

ジェリー・バーガンヂーはバークリーで教鞭も執っているというテクニックの持ち主だ。しかし川嶋さんも、上京してすぐ日本のサックスの大ベテラン宮沢昭さんのところへサックスの教えを賜りに門を叩いたところ、彼のサックスを聴いた宮沢さんから「貴方にはもう教えることはないですよ」と、お墨付きを頂いたというエピソードを持っている。そしてコンサート当日、お互い初めての顔合わせにもかかわらず、川嶋さんもジェリーに勝るとも劣らないテナー・バトルを繰り広げてくれた。

川嶋さんは大変緊張していたそうだが、岡山のジャズファンは彼のバトル・セッションに満足していた。そしてコンサート後のストレイトアヘッドのジャズマンの打ち上げは、バードに決まって行くようになっていた。川嶋さんも久しぶりのバードに羽根をのばしていたようだが、最後に先輩面をしてここぞとばかり大きなサインをマジックで壁に書いていた。

【エリック・アレキサンダー】

1996年頃から、LPコーナーでエリック・アレキサンダー（Eric Alexander）という若手のサックス奏者が輸入盤で話題になっていた。1991年の「モンク・コンペティション」でサックス部門2位（1位はジョシュア・レッドマン）に輝いた経歴を持つ強者だった。

アメリカのDelmark盤からデビューアルバム「Straight Up with Harold Mabern」を出した。これが、なかなかストレイトアヘッドで気分のよいサックスだ。その後、新伝承派ジャズ＝ニューヨークの正当派ジャズメンの新作をどんどん発表しているCriss Crossレーベルから立て続けにCDを出して、どれもジャズファンの人気盤となった。

そして1997年、日本のアルファ・レコードから「Man

エリック・アレキサンダー＝バード

エリック・アレキサンダー＝バード

with a Horn」を発売した。するとその年、モン・プロからオファーが入った。デヴィッド・ヘイゼルタイン（p.）、ドゥウェイン・ブルーノ（b.）、ジョー・ファンスワース（ds.）のオリジナル・カルテットで初来日ツアーをするという。早速、松本コーポレーションの海野さんに連絡をして、１９９８年2月22日にデヴィットホールを確保した。

●パンフレットに執筆した私の当時の文章

最近の若手ジャズミュージシャンの音楽的レベルには目を見張るものがある。テクニック的にも、音楽的な幅の広さにも脱帽する。しかし、60年代70年代のジャズの持っていた「勢い」みたいな部分が何処か希薄になってきているように思う。

ところがエリック・アレキサンダーを聴いた時、その「勢

エリック・アレキサンダーライブ

い」を感じた。彼のストレイト・アヘッドなジャズは小気味のいいドライブ感をもって、聴く者をグイグイと引き込んでゆく。小さなジャズクラブでミュージシャン同士、音楽の真剣勝負みたいなジャムセッションを延々とする「サムライ・ジャズ」とでも例えればよいのか、昔のジャズが持っていたダンディズムみたいなものを、彼は持っている。

今回は、オリジナル・カルテットで日本ツアーをするそうだ。彼の本領が何処まで聴けるか楽しみだ。

当日は100人少々の入りだったが、演奏は白熱のライブとなった。オーディエンスの反応も良く、西蔭さんが「岡山が一番良いライブだ」などと、ヨイショしてきた。ピアノのデヴィッド・ヘイゼルタインも良いピアノだ。彼は、自身のピアノ・トリオ・アルバムも出していてエリック・アレキサンダーと同じように頭角を現していた若手ピアニストだった。

みんな日本の焼肉が気に入ったようで、アフターは山村さんが経営する「東風」で焼肉を腹一杯食べた。山村さんも肉を大盛りにしてサービスしてくれた。どうも、甘辛いタレが気に入っているようだ。その後、バードに繰り出してアフターアワー

バードのピアノを弾くハロルド・メイバーン

のセッションが始まった。

その翌年は、ピアノの大御所ハロルド・メイバーンと来岡した。その時は、西川アイプラザで公演した。演奏はハロルド・メイバーンのピアノが終始演奏をリードしていた。エリックや他のメンバーもハロルドのピアノに神経を使っていた。そして移動中も、常にハロルドの話を熱心に聞いていた。シカゴのクラブで一晩中演奏していたというのは、多分ハロルド・メイバーン演っていたのだ。そして彼が、エリック・アレキサンダー・グループの師匠なのだろう。

ピアノのドライブ感はやはり本物だ。バードでのアフター・セッションもハロルド・メイバーンがピアノを弾いたが、バードのオンボロ・ピアノが見違えるような音で鳴っていた。そしてご機嫌なグルーヴに引き込まれてしまう。

ジョー・ファンスワースといえば、ビールを呑みすぎて腹を壊したのか、トイレに駆け込んでばかりいた。エリックとジョーは学生の頃からのバンド仲間で、会話の内容はよく分からないが、暇さえあれば2人してふざけ合っていた。

そして3度目の来岡時は、サイラス・チェスナットとバードで演奏した。サイラス・チェスナットは3～4年前に一度岡山の三木記念ホールのヤングライオン・オール・スターズで来たことがある。そして、4度目の来岡時はテナー・サックスのグラント・スチュワートとテナー・バトルで火花を散らした。

【スティーブ・キューン】

エリック・アレキサンダーと同じ頃、モン・プロはスティーブ・キューン・トリオも呼んだ。１９９９年6月3日（木）に西川アイプラザで、スティーブ・キューン（p.）、デヴィッド・フィンク（b.）、ビリー・ドラモンド（ds.）というメンバーだ。私はシャインの頃から、彼の知的でリリカルなピアノのファンだった。「スリー・ウェイブ」「トランス」「エクスタシー」とポップな感覚も取り入れた、ハーバード大学出身のビル・エヴァンスと並ぶ知性派白人ピアニストだ。

彼は50年代のエヴァンスと同じ頃、あの天才ベーシスト、スコット・ラファロとレコーディングしている。現在廃盤になっているが「キューン／ラファロ１９６０」というアルバムだ。その当時私は、チェロ奏者デヴィッド・ダーリングの「Cycles」というアルバムの中のステ

スティーブ・キューン・ライブ

スティーブ・キューン・トリオ＝西川アイプラザ

イーブ・キューンのピアノ演奏にはまっていて、デヴィッド・ダーリングのＣＤにサインをしてもらった。

　来日の度にヴィーナス・レコードで優しいタッチのスタンダード・アルバムを吹き込んでいるが、やはり彼の真骨頂は底知れない耽美なナルシシズムにあると思っている。なかなか日本のコンサートではそこまでの演奏は見せてくれない。しかし、彼のスノッブな微笑みと醒めた瞳の奥には魔性の本性が潜んでいる。コンサートの後は、グルーヴィーで打ち上げをした。デヴィッド・フィンクは早くホテルに帰ったが、ドラムのビリー・ドラモンドはスタッフで手伝ってくれた女の子と仲良く話し込んでいた。ところが、彼女があっさりと帰ってしまったので、しょげ込んでいた。ビリーにＣＤのサインをお願いすると、「どうして彼女は先に帰ったのか。Billy Drummond」というような英語の文章を付けて、サインされてしまった。私は２人をホテルまで送って帰った。

その１年後、ホテルグランヴィア岡山のジャズ・ディナーショーでもスティーブ・キューン・トリオで来岡した。

ジェーン・モンハイトと長男理雄
＝ホテル・グランヴィア岡山

モン・プロの西蔭嘉樹さんのこと

モン・プロの社長、西蔭嘉樹さんからは他にも、リッキー・ウッダート（ts.）や大西順子スーパー・ウーマン・トリオなどのコンサートも受けた。西蔭さんのスーパー・ウーマン・トリオは、大西順子さんを外国人女性ベーシストとドラマーと組ませたものだから、大西さんは奇をてらった内容に不機嫌だったようだ。その後、大西順子さんの人気絶頂の頃、まつもとコーポレーションがデヴィットホールで1週間にわたるコンサートをしたこともあった。その時も、企業のコマーシャルに使われたことに、不機嫌だったようだ。結局、私は大西順子さんの本音を聞く機会がなかったので、私の中では、彼女は気位の高い女性ピアニストという印象しかない。

西蔭さんは、ホテルグランヴィア岡山のジャズ・ディナーショーにも、マリーナ・ショウやエディ・ヒギンズ、ソニー・フォーチュン、アーチー・シェップ、ジェーン・モンハイトなどアメリカのジャズミュージシャンたちを岡山に連れてきた。２００５年7月、ビリー・ヴォーン楽団のコンサートを岡山音協の矢延多津美さんが引き受けて下さって、私は手伝いをした。ビリー・ヴォーン楽団といっても名前だけで、80歳を越えるドラマーがオリジナルメンバーで、後は平均年齢60歳以上というプロのジャズ集団だ。「浪路はるかに」が演奏されるや、懐かしのビリー・ヴォーン・サウンドに会場を埋めた年配のお客さんたちがうっとりとしていた。みんな名前こそないが一流のジャズプレイヤーたちだ。アメリカのジャズの奥深さに脱帽した。良い経験だった。
その後、オヤジと2人で居酒屋で呑んだ。「ニューオリンズに凄いトランペッターがいるから、なんとか日本に紹介したいんじゃ」とか、「サンタナを呼んでデカイ興行を打とうと思っとる」とか、色々と夢を語ってきた。私は大阪のLPコーナーが倒産して、保証人のツケが回ってきていた。もう西蔭さんに付き合う余裕はなかった。モン・プロも自転車操業でジャズのプロモートをしていることは知っていた。お互いジャズへの情熱だけのカラ元気で盛り上がった。
2年後2009年9月13日、西蔭さんは体調を崩して、マッコイ・タイナーの興行を最後にあの世に逝ってしまった。「マイ・マン！　ミスター・スローだ」と、私のことをミュージシャンたちに紹介してくれていた。色々と腹の立つこともあったが、憎めないオヤジだった。私がそちらに逝った時は、またそっちのミュージシャンたちを集めておいて欲しいものだ。もうギャラは要らないだろうから……。

【ポール・モチアン】

東京ジャズアクションの代表のディディエ・ボアイエ(Didier Boyet)さんから「ポール・モチアン・トリオのツアーを岡山で受けて欲しい」とのオファーが入った。ジョー・ロバーノ(ts)、ビル・フリーゼル(g.)とのトリオだ。ジョー・ロバーノは新生ブルーノートからアルバムを沢山出している新伝承派のテナー・サックス奏者だ。ビル・フリーゼルは先鋭ギタリストで、パット・メセニーとは違った新しいギタースタイルを持っていた。そしてポール・モチアンは、ビル・エヴァンス、キース・ジャレット、チャーリー・ヘイデン、菊地雅章などと時代の先端のジャズ・サウンドを創り出した名ドラマーだ。直ぐに西川アイプラザを予約して準備を進めた。

当日、いつものように岡山駅にメンバーを迎えに行った。大きなガタイで髭モジャのジョー・ロバーノは私と同じ歳だったが、迫力が凄い。でもジェントルマンだ。ビル・フリーゼルは、爽やかなインテリタイプだ。歳に似合わない颯爽とした出で立ちのポール・モチアンには、私はいささか緊張した。ディディエ・ボアイエさんは、いかにも癖のありそうなジャズオヤジだ。ホテルにチェックインして直ぐ会場に向かった。及部恭子さんが花束を持って、ポール・モチアンを迎えてくれた。するとポール・モチアンは、「Oh! 岡山に来て初めて私を心から迎え入れてくれた人に出会った」と偉く感激して、恭ちゃんにハグした。そう、彼女の持って生まれた「もてなしの心」がポール・モチアンを感動させたのだ。彼女が持ち合わせている日本人特有の美徳の精神が、今も異国の地ニューヨークで彼女の音楽が認められている大きな要因だと思っている。話が少しそれたが、コンサートが始まってポール・モチアンの演奏は、今までの黒人本位のジャズドラムと違って、柔らかいドラミングは白人の独特なタイム感だった。私は初めての体験だった。ビル・エヴァンスなどの白人が創ってきたモダン・ジャズの核心に触れたような気がした。ビル・フリーゼルの浮遊感あふれるギターも新しいサウンドだ。そして、ジョー・ロバーノのサックスもそのサウンドの中に溶け込んでいる。ジャズサックスの巨人たちとはちょっと違うアプローチに新世代のジャズを感じた。コンサートの後、岡大ジャズ研の学生や県外から聴きに来たギターやサックスの奏者が、ビル・フリーゼルとジョー・ロバーノに群がっていた。アフターの打ち上げは、ジャズ研の真田篤志さんや学生など結構な人数が参加して賑やかに盛り上がった。同級生の歯医者、越宗研作先生、灘崎のドクター渡邉清一郎先生に協力頂いた。コンサートの後日、ジョー・ロバーノから自主制作のCDアルバムが届いた。同じ歳ということで、お互い妙な親近感があった。その後、ポール・モチアンは菊地雅章さんのデザート・ムーンで縁があったが、ジョー・ロバーノとは出会うことはなかった。そして2011年11月22日、偉大なジャズ・クリエイター、ポール・モチアンは最後まで世界のジャズの一線で活動しながら80歳の人生を閉じた。合掌。

【ダニエル・ユメール】

その後、ボアイエさんからはフランスのドラマー、ダニエル・ユメール/Daniel Humairとスティーブ・レイシー/Steve Lacyのオファーがあった。レイシーは岡山では実現出来なかったが、ダニエル・ユメールは同じ西川アイプラザで開催した。マルク・デュクレ/Marc Ducret(g)、ブルーノ・シュヴィヨン/Bruno Chevillon(b.)とのトリオだった。ダニエル・ユメールはヨーロッパ・ジャズ界の重鎮だ。フィル・ウッズのヨーロピアン・リズム・マシーンのドラマーでも有名だが、常にヨーロッパ・ジャズの一線で活躍している。マルク・デュクレやブルーノ・シュヴィヨンは、当時の私もそれ程知らなかった。しかし、マルク・デュクレのギターは衝撃だった。「これが、今のフランス・ジャズ・ギターなのだ」と、目から鱗というのか耳から鱗が落ちた状態だった。当時私の周囲は、フランスのグェン・レというベトナム系のギタリストに人気があったが、マルク・デュクレは先鋭ジャズギターからフリー・ミュージックの両面を備えたセンシティブな演奏だった。しかし、入場者は50人にも満たない状態だった。この時のステージ照明が印象的だった。実は、西川アイプラザのホール担当の三村さんが仕込んでくれたのだ。毎回、なかなか粋な照明をして頂くのだが、今回は原色を基調としたインパクトある照明で、演奏がより引き立った。アフターは「喜八」という太ったシェフが作る家庭料理

ダニエル・ユメール＝西川アイプラザ

の店で、前回とは違ってこぢんまりと済ませた。実はこの時、ボアイエさんは二つのツアーを仕込んでいた。広島では、ルイ・スクラヴィス/LOUIS SCLAVIS(sax)というサックス奏者をブッキングしていた。私はこちらを聴いてみたかったが、ダニエル・ユメール・トリオも新鮮な体験が出来たので満足している。このフレンチ・コネクションはスティーブ・レイシーの話以降、途切れてしまった。

【デヴィッド・マレイ】

2001年夏、東京のオフィス・ZOO（ズー）の川上さんというプロモーターから連絡が入って、11月にデヴィッド・マレイが来日するという。デヴィッド・マレイといえば、ブラック・ジャズ・サックスの雄、アルバート・アイラーの後継者的存在で、フリージャズからポスト・バップまでこなす凄いサックス奏者だ。MO:GLAに連絡をとって11月21日に決定した。

当日はロード・マネージャーの小林さんが付いて来られて、赤田さんが手伝ってくれたが、あまり時間がなくてドタバタとリハーサルをした。岡山でデヴィッド・マレイなどまず聴けることもないのだが、やはりフリージャズとなると、集客が大変だった。県外からもお客さんは集まったが、100人も入らない。しかし、演奏はさすがである。ブラック・ジャズの迫力は筆舌に尽くしがたいものがある。

この時も赤田さんは、しっかりとソプラノサックスを持って舞台袖で待ちかまえていた。最後のアンコールでステージに上げてもらえた。世界的なビッグ・アーティストを前にしても物怖じせず出て行くところが、赤田さんらしいところでもある。最後に、デヴィッド・マレイが赤田さんと握手をしながら「おまえは、消防車みたいにサックスを吹くヤツだ」と、褒めたのかどうか判らない感想を言っていた。

そのままMO:GLAでアフターをした。私は、ドラマーのハミッド・ドレイクと結構気が合って、お酒を一緒に呑んだ。彼のブラックのネイティブでシャープなドラミングに驚いた。このライブで一番気に入ったミュージシャンでもあった。ウィリアム・パーカー等と演奏していて、新しいアフロ・アメリカン・ジャズの旗手だ。

【ダスコ・ゴイコヴィッチ】

オフィス・ZOOの川上さんとは、何度か付き合いがあった。2002年ダスコ・ゴイコヴィッチもZOOからのオファーであった。ダスコ・ゴイコヴィッチは、東ヨーロッパ、ユーゴスラビア出身のジャズ・トランペッターで、60年代から活躍している。シャイン

ダスコ・ゴイコヴィッチライブ
＝MO:GLA

で、「スラヴィック・ムード」や「アット・ベルリン・ジャズ・フェスティバル」「アフター・アワーズ」などがよく掛かっていた。10月16日にMO:GLAですることにした。ジャズ・フェスの岡本さんや嶋岡民樹さんもダスコ・ゴイコヴィッチのファンで、一緒に協力してくれた。
トニー・ラカトシュ（ts.ss.）、ベルンハルト・ピヒル（p.）、ボリス・コスロフ（b.）、ドナルド・エドワーズ（ds.）米欧混合のメンバーだ。サックスのトニー・ラカトシュはベルギー出身のハード・バッパーだ。ダスコ・ゴイコヴィッチは物腰の柔らかいジェントルマンであった。50年代のマイルスのクールなモダン・ジャズを継承して彼風にスタンダードなジャズを演奏する。最近はボサノバなどもしていて安心したジャズを聴けるベテラン・トランペッターだ。私にとっては、握手出来ただけでも幸せな気分になれるミュージシャンだ。

【ロバート・グラスパー】

２００３年の秋、アンソニー・ウォンジー・トリオのオファーがオフィス・ＺＯＯから来た。当時アンソニー・ウォンジーは注目の新伝承派のピアニストだった。ウィントン・ケリーやソニー・クラークなどのビ・バップのピアニストを感じさせるバップの小気味良いピアノを弾く。２０

デビュー前のロバート・グラスパー

04年2月26日ということで二つ返事で受けたのだが、年明けにアンソニー・ウォンジーのキャンセルが入った。場所も西川の「みのるガーデン」に決めて準備も進めていたので、困った。一緒に来るドラマー、ジョナサン・ブレイクのピアノ・トリオでなんとかならないかと頼み込まれたので、引き受けてしまった。実はピアニストは今をときめくロバート・グラスパーだった。ベースは、ボリス・コズロフ。しかし、ロバート・グラスパーは当時まだ無名の時代なので誰も知らない。告知したジャズ・フォーラムのメンバーにお詫びのDMを出して、当日のパンフも作り直して2月26日を迎えた。

観客は30人もなかったが、演奏は勢いのある今の若手ニューヨーカーのジャズだった。やはり音の鳴りやスピード感は本物だった。聴いてみるものだ。ロバート・グラスパーは今やグラミー賞を連続で取る、新世代のアメリカン・ジャズのホープだ。岡山くんだりで聴けるミュージシャンではなくなっている。このことは、最近になって川崎医大ジャズ研のOB神谷伸彦さんに指摘されて、私も思い出した次第だ。

余談になるが、西川みのるガーデンのホールはグランドピアノが常設されているので、当時ジャズコンサートの会場によく利用していたのだが、マンションと併設されていて、この日のドラムの音が大きすぎて以後ジャズには貸してもらえなくなった。地方のジャズ事情の悲しきかな。

その他、外国のジャズマン

岡山を訪れた外国のジャズマンは、他にもピアニストの近藤大地トリオで、リチャード・デイヴィス(b.)、ルイス・ナッシュ(ds.)のメンバーで岡山県総合福祉会館でコンサートをした。ちょっと、リチャード・デイヴィスとトラブったがルイス・ナッシュとは蕎麦を食べに行った。総合福祉会館では、ギターのケニー・バレルもコンサートをしたことがある。アンコールでヴォーカルを披露してくれた。渡辺貞夫さんは何度も岡山で演奏しているが、一度スタッフのメンバーと市民会館でコンサートをしたことがあった。リチャード・ティー(p./key.)、スティーブ・ガット(ds.)、エリック・ゲイル(g.)、コーネル・デュプレー(g.)、ゴードン・エドワーズ(b.)と錚々たるメンバーだった。リチャード・ティーとスティーブ・ガッドのデュオ演奏が、圧巻で鳥肌ものだった。

神戸の甲陽サウンズからの依頼で、マイク・スターンのライブの世話をしたことがある。デスペラードでのライブコンサートだった。マイク・スターンのギターもさることながら、ドラムのデニス・チェンバースも凄い迫力だった。マイクは、ギター小僧とでもいうのか、ホテルのロビー、新幹線のホームと暇さえあればギターを引っ張り出して弾いている。演奏前にプールに入りたいというので、豊成の温水プールに連れて行った。すると、えらく感謝されて、発売予定の新作のテープをプレゼントしてくれた。パット・メセニーを意識したような内容だった。マイクとは、結構いい友達になれた。しかし、入りがさほど良くなかったので次回岡山に来ることはなかった。残念。

マイク・スターンとデスペラードで

1998年6月、岡山音協がチック・コリア&オリジンのコンサートをシンフォニーホールで開催した。オリジンはアビシャイ・コーエン(b.)、ボブ・シェパード(sax/fl.)、スティーブ・ウィルソン(sax)、スティーブ・デイビス(tb.)、アダム・クルーズ(ds.)と、若手のミュージシャンを起用したグループだ。チック・コリアは、彼らのフレッシュな演奏に終始嬉しそうに振舞っていて、あまりピアノは弾かなかった。

岡山音協事務局長の矢延多津美さんは、クラシック、ジャズ、ポップス、ミュージカル、民族音楽、落語等、50年近く岡山の音楽文化を支えてきた女傑だ。チック・コリアの公演数日前もバーデン・パウエルのコンサートを手掛けていた。ジャズだけでも、カウント・ベイシー・オーケストラ、秋吉敏子ビッグバンド、グレン・ミラー・オーケストラ、マンハッタン・トランスファー、サイラス・チェスナット、ベニー・グリーン、レイ・チャールズ、チャカ・カーン、ビリー・ヴォーン楽団、綾戸智絵、小曽根真、COBA、小林桂、松永貴志等と大物を手掛けている。年間30から40のイベントをこなしていた。彼女は2015年をもって引退したが、在任中に1100以上のコンサートをプロデュースした。表に出ることはなかったが、岡山の音楽文化発展に多大な貢献をされた人だ。

ホテルグランヴィア岡山では、最上階のラウンジでよくジャズ・ディナー・ショーを開催していた。モン・プロもいろいろ外タレを入れていたが、他にもロン・カーター、マイケル・ブレッカー（これは2階の宴会場）、ジュニア・マンス、トミー・フラナガン、ハリー・アレン、クリスチャン・マクブライト、ニコラス・ペイトン、ジャッキー・マクリーン／フレディー・ハバード等、一流のミュージシャンを呼んでいた。

ジャッキー・マクリーンとフレディー・ハバードの時は、フレディー・ハバードが気分を害したのか、演奏をせずにステージから降りてしまった。実は、私は毎回CDの即売で入っていて、いつも会場の後ろから観させてもらっていた。メーカーに受注を掛けて気が付いたのだが、2人ともブルーノートに沢山吹き込んでいるものの、共演しているアルバムが一枚もないのだ。

多分ミスマッチなジョイントに腹を立てたのかもしれない。

ジュニア・マンスの時は、まだデビュー前の綾戸智絵さんがゲストで歌った。彼女はジュニア・マンスさんとアメリカで自主アルバムを出していて、今回のツアーに参加していたのだ。それでも、ホテルグランヴィア岡山としては採算が取れなかったのか、いつの間にかジャズのディナー・ショーはやらなくなってしまった。東京や大阪と並ぶ格調高いイベントだったが、地方ではやはり維持するのは難しいのかもしれない。

2005年2月、医療法人淳風会理事長の原一穂さんの依頼で、ホッド・オブライエン・トリオをアメリカから招聘したことがある。当時「FANFARE／ファンファーレ」というアルバムがジャズファンの間で話題になっていた。録音メンバーでもあるスウェーデンで活躍しているベーシスト、森泰人さんにお願いして手配してもらった。森さんとは、ニューヨークでジャズを歌っている岡山出身の福田ナオコさんというヴォーカリストの凱旋コンサートの世話をした時に、森さんがベース、市原康さんがドラムで来られていた。その打ち上げで森さんと意気投合して朝まで呑んだことがある。それからの付き合いで、今でもfacebookで友達だ。

岡山のために来日ツアーを組んでもらったので、岡山が交通費やワーキングビザの手配の費用を負担することになって高いギャラについた。ホッド・オブライエンは、50年代から活躍しているバップ・ピアニストだ。69歳という高齢にもかかわらず精力的にアルバムを出していた。

当日は、鈴木良雄さんのベースとトニー・キャンベルのドラムのトリオで岡山に来た。国際ホテルで、ライオンズクラブの主催だった。ホッドさんは初めての日本ツアーだったので、お礼に「YAMBOW'S MAMBO」という曲を即興で弾いてくれた。後に、富士通の１００ゴールド・フィンガーズでも岡山に来られた。しかし、２０１６年11月、80歳の人生に幕を降ろした。合掌。

私がまだ、小学5年生だった頃、岡山にアート・ブレイキーのジャズ・メッセンジャーズがやって来た。ジャズなど知らない頃で、公民館で演奏会があったらしい。

ホッド・オブライエン

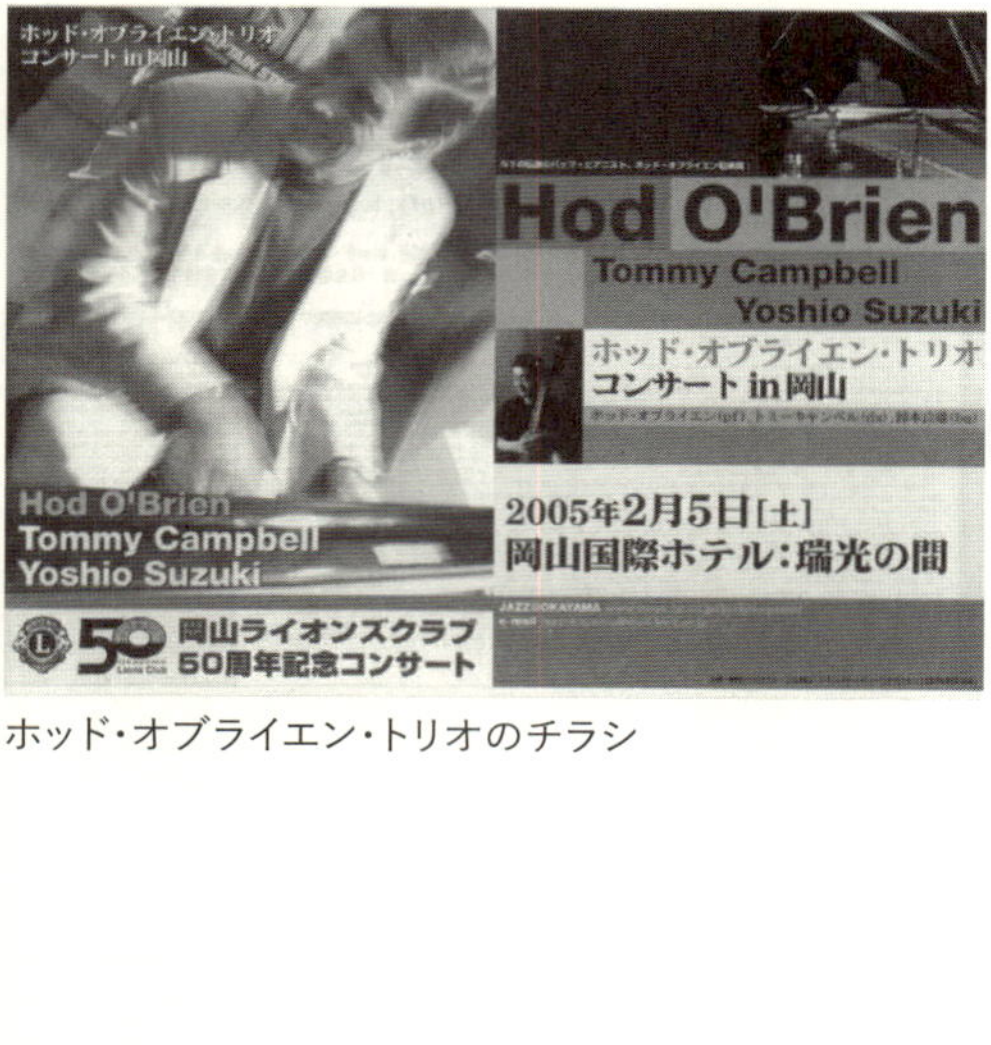

ホッド・オブライエン・トリオのチラシ

なにやら調子のいい音楽を流しながら宣伝カーが市内を回っていたことを憶えている。実はその全国ツアーこそオールアートの大ヒット興行だったのだ。それから50年、今やジャズは身近な音楽としてみんなの生活の中に浸み込んでいる。

世界のヴォーカリストたち

【シーラ・ジョーダン】

タッド・ガーフィンクルは、「M.A」レコードレーベルを主宰していて録音レベルの高い作品を出している。2000年に新作で、シーラ・ジョーダンとハーヴィー・シュワルツ（b.）のデュオ「ザ・ベリー・ソート・オブ・トゥー」を出した。シーラ・ジョーダンは、デューク・ジョーダンの元妻でブルーノートからデビュー・アルバム「ポートレイト・オブ・シーラ」を出している。

初期のブルーノートからは、ボーカル・アルバムは2人しか出ていない。70年代になってから北欧系のヴォーカリストとして活動を復活している。カーリン・クローグと対比されるが、彼女は独自の即興性の強いジャズヴォーカルとして自由な表現をしている。

岡山では2日にわたってコンサートとライブをした。1日目は岡山県立美術館ホールでコンサートをして、2日目は「ティンパンアレー」というコンクリートの打ちっ放しの酔狂なバーでライブをした。

シーラ・ジョーダン。エクサンプロバンスでの打ち上げ

ヴォーカルとベースのデュオという編成は、かなりの実力がないとこなせない。1977年に、デンマークのSteeple Chase Recordsからアリルド・アンデルセン（b.）ともベースのデュオ・アルバムを出しているが、シャインで聴いた時、当時としてはかなり衝撃的な演奏だった。

初日の美術館でのコンサートはホールの残響音も良くなってきたのか、いい音響で演奏出来た。タッドは新しいコンデンサーマイクを自慢そうに出してきてセッティングしていた。アフターの打ち上げは「エクサンプロヴァンス」で行った。そして、次の日のティンパンアレーでのライブは、狭い店で20人限定で行った。ライブチャージも1万円だったが、直ぐ埋まってしまった。

ティンパンアレーは、江田さんというセンスのよいママが経営していて、セレブな客層が集まっていた。この奇抜な店のデザインは、関さんという岡山きってのデザイナーが創った。店の出入り口の狭いスペースで演奏して頂いたのだが、シーラ・ジョーダンさんは「まるでパリのお店でライブをしているようだ」と喜んでくれた。

そして、越宗研作さんという私の同級生で、ジャズ・ヴォーカルにハマってしまった歯科の先生がいる。彼が2日とも送迎など、なにかと協力してくれた。彼の友達の渡邉清一郎先生にも越宗さんと一緒に、2日とも参加して頂いた。ティンパンアレーはもうなくなったが、ビストロBAN・Cの近くにあったのでバンさんも一緒にライブを聴いた。

シーラ・ジョーダンはその数年後、若いピアニストとバードでもライブをした。この時は、ヴォーカリストのSHOKOさんが色々と手伝ってくれた。

今でも、90歳に近い高齢にもかかわらずよく来日しては、ライブ活動やワークショップをしてジャズの普及に尽力されている。そして、いつものお下げ髪で可愛くオシャレをしている。

ヒューストン・パーソン＆エッタ・ジョーンズライブ

【エタ・ジョーンズ／ヒューストン・パーソン】

２０００年、モン・プロの西蔭さんから、黒人シンガーのエタ・ジョーンズのオファーが入った。サックスにヒューストン・パーソンが来る。どちらも、コテコテの黒人ジャズだ。「個人的には好きだが、興行として成り立つのか？」と考えてはみたが、好きな部分につけ込まれて西蔭さんに押し切られてしまった。ディナー・ショーのようにしたかったが、普通のホテルでは採算が取れない。「みよしの」という岡山の古くからのレストランや弁当店を経営している企業がある。そこの青江店にホールがあって、そこを安く提供して頂くことになった。

食事もできるということで開催したが、市中心部から離れていたので集客は芳しくなかった。お客さんで社交ダンスを踊りたいという方がおられたので、客席の後ろのスペースで踊って頂いた。社交ダンスは、年配の方には根強い人気があったようだったが、その頃はそんなことまで気が回らなかった。

本場のテキサスサックスとブルースフィーリング溢れる歌は格別なものがあった。一昔前のキャバレーなどで演奏すれば最高だった。残念ながらゴージャスな雰囲気の演出は、私には出来なかった。前座でコジマサナエさんにも歌ってもらった。結構、彼女はエタ・ジョーンズさんに褒められたようだが、まだまだ及ばない。

その後、みよしの青江店にはテナー・サックスのハリー・アレンが、関西のピアニスト岸ミツアキ・トリオと来たことがあった。この時は、ハリー・アレンのテクニックに舌をまいた。最近の若手のサックス奏者は上手くなっている。しかし、黒人のコテコテのサックスとは異質なモノではある。そして数年後、みよしの青江店は閉店して、今はパチンコ屋になっている。

【ジャネット・サイデル】

２００１年の頃から、オーストラリアのジャネット・サイデルという心地よい歌い方をするヴォーカリストのＣＤが、大阪本店から続々と入荷してきた。「Little Jazz Bird」「Winter Moon」「The Art Of Lounge」「Doodlin'」「The Way You Wear Your Hat」「The Art Of Lounge - vol 2」「Doris & Me」「Comme Ci Comme Ca」と当時発売されているアルバムがほぼ入荷した。神戸の人が個人的に彼女のＣＤを輸入しているようだった。内容がいいので、ＬＰコーナーでも推薦盤として店頭でお客さんにプッシュしていた。

するとモン・プロの西蔭さんからもジャネット・サイデルのプロモートの話が入ってきた。ＣＤ販売も兼ねて、デイヴィット・ホールでコンサートを開催することとなった。開催するにあたって、当時ジャネット・サイデルのファンになられた福屋崇さんには大変協力頂いた。人気盤は「Little Jazz Bird」「The Art Of Lounge」「Doris & Me」だ。すべてLa Brava Musicというレーベルから出ていて、実はベーシストの兄デイヴィッド・サイデルが主宰するレーベルだった。

当日、ジャネット・サイデル（vo./p.）、チャック・モーガン（g.）、デヴィッド・サイデル（b.）、ビリー・ロス（ds.）の4人のメンバーで、岡山駅に降り立った。ところが、ギタリストのチャック・モーガンがギターを新幹線に忘れて来て、着いた早々大あわてになった。西蔭さんが駅と交渉して、広島駅から送り返してもらうことになった。新幹線の便は頻繁にあったので、なんとかリハーサルまでには間に合った。

みんな人の良さそうな、バンドマンズレしてないのんびりとした中年のミュージシャンたちだったが、ホンマにギタリストがギターを忘れるものだろうか。ジャネット・サイデルさんは会場に着くまでの間、かわいい小声で鼻歌を歌っている。ほんとに歌が好きなのだ。ライブは、ジャネットさんの素直で優しい歌声に、みんなにこやかに聴き入っていた。良い雰囲気でライブは終了した。打ち上げは、ジャズ・バーのグルーヴィーで行った。実はジャネットさんの知り合いが岡山にいて、彼女にも参加して頂いて場が和んだ。

翌日は米子の皆生グランドホテル「天水」でライブをした。米子の観光協会に日浦啓次さんというジャズの世話をされる方がいて、日浦さんの手配で開催したのだ。私はCD販売に車でかけつけた。出張販売でのんびりと温泉に宿泊出来るほどCDが売れるわけではないので、ライブ終了後は岡山にトンボ帰りだ。帰ったら夜中の2時過ぎだった。

2002年、岡山のジャズフェスのスタッフを集めたパーティーに、ジャネット・サイデルさんに友情出演して頂いたことがある。バイキングでアットホームな雰囲気の中、みんな楽しんだ。彼女の弾き語りは聴く人を和やかにさせる心地よさがある。天賦の才だ。オーストラリアの年間優秀ジャズ賞みたいなものを受賞している。また、お兄さんのデイヴィッド・サイデルさんとは、私がカナダのI.A.J.E（International Association for Jazz Education）という世界規模のジャズ・ワークショップのフェスティバルに参加した時、偶然お会いした。What Difference A Day Makesだ。

【マーク・マーフィー】

2001年、モン・プロからマーク・マーフィーのオファーがきた。マーク・マーフィーといえば、RIVERSIDEのアルバム「Rah!」が有名な男性シンガーで、アドリブの強い歌い方をする。ブラジルのソングライターのイヴァン・リンスを歌ったアルバムを出すなど、現役のヴォーカリストとして活躍している。しかし、ジャズファンからはそれほど評価は受けていなかった。

ところが、クラブ系のジャズDJたちからマーク・マーフィーは凄く評価されていた。Tenth & Parkerの「Cool Down」というダブ・ヴァージョンに彼のヴォーカルがフィーチャーされ、ドイツのMPS盤「Midnight Mood」がクラブＤＪの人気盤となっていた。70歳という高齢にもかかわらず、孫くらいの若いミュージシャンたちと演奏しているのだ。実にヒップな爺さんだ。

西蔭さんも、彼が全国的に若い層に人気があったことに驚いていた。店の客のＤＪたちも来岡を喜んでいた。

5月にMO:GLAでライブをした。県外からも若いクラブ系のファンが来店。岡山のＤＪに間合いの音楽を担当してもらい、結構にぎやかなライブとなった。スタンダード曲からクラブ調の曲まで披露。年老いて益々、燻し銀のヴォーカルに磨きがかかっている。

打ち上げはMO:GLAで行ったが、グルーヴィーのママやローズマリーのママなど、岡山の一癖ある女性陣が寄って彼のダンディズムに盛り上がった。こんなふうに歳がとれたら、男冥利に尽きるというものだ。

２０１５年10月22日、ジャズの全盛期から生涯現役で歌い続けた真のジャズ・シンガー、マーク・マーフィーは83歳の人生を閉じた。合掌。

マーク・マーフィー（左端）

その他の世界のヴォーカリストたち

マンハッタン・トランスファーは、シャインの頃からのファンだった。子供が生まれて間もない頃、家族で大阪のコンサートに出かけたことがあった。ところが、子供の入場は断られて、私がロビーでドアから漏れる音楽を聴きながら子守をして、ヨメさんがコンサートを楽しんだ想い出がある。それから10年程経った1994年2月、岡山のシンフォニーホールにマンハッタン・トランスファーがやって来た。ソフィスティケイトされたヴォーカリーズのコーラスに心弾ませた。ルー・ソロフのトランペットも感激だった。

その後もう一度、2000年にもシンフォニーホールでコンサートがあったが、昔のような華がなくなっていた。ブームが去ったのだろうか、ティム・ハウザーが歳をとったのか、私が歳をとったのか。少し醒めた気持ちで、シンフォニーホールの階段を一人で帰った記憶がある。2004年、マンハッタン・トランスファーのメンバーの一人、シェリル・ベンティーンがソロ・アルバムを発売した。その発売記念ライブツアーの世話をすることとなって、岡山の

MO:GLAでライブを行った。この時は岡本さんも手伝いに入ってくれた。そして、親分のティム・ハウザーは2014年、73歳で永眠。合掌。

2000年、富士通コンコード・フェスティバルで、ヘレン・メリルがシンフォニーホールに来た。「ニューヨークの溜息」というキャッチ・フレーズで宣伝していたが、彼女は歳をとってもヨーロッパでは新しいジャズに取り組んでいた。日本に来たら、いまだに昔の「ユー・ビー・ソー・ナイス」のイメージでしかお客さんが来ないことに、いささか嫌気がさしていたようだ。私が店の客から預かった「ウィズ・クリフォード・ブラウン」のLPを差し出して、サインをお願いすると再プレスのレコードにもかかわらず「これは原盤ですか」などと、溜息混じりのお世辞を言ってサインをしてくれた。ローズマリー・クルーニーが「カモナ・マイ・ハウス」をステージで歌うのを嫌がっていたという逸話を思い出した。ヘレン・メリルもそれと同じ心境なんだ。「ニューヨークの溜息」ならぬ、「日本のジャズファンへの溜息」なのだ。

ピエール・バルーを囲んで

中村善郎(右から2人目)と宮野寛子(右端)

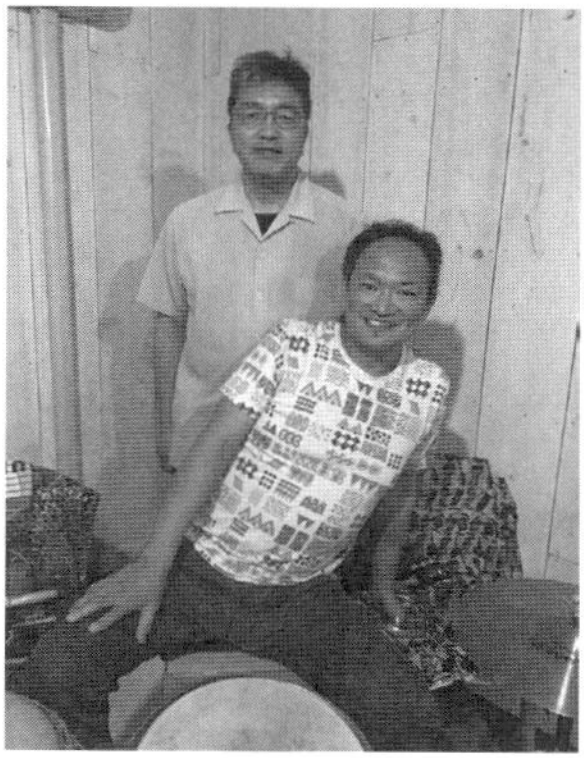

ヤヒロ・トモヒロと(2017年)

グラント・スチュワート(左端)とエレック・アレキサンダー

スティーブ・キューンとカーリン・クローグ

いわとわけ音楽祭のポスター、チラシ、写真

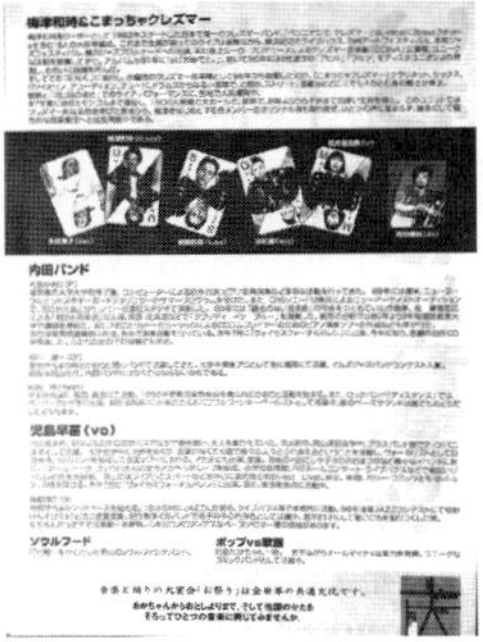

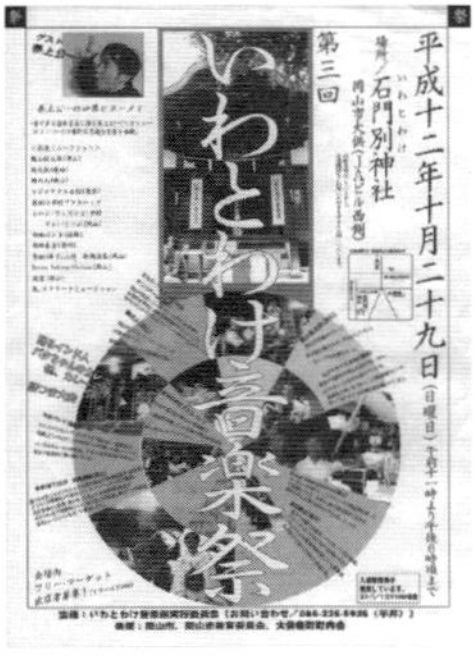

Ⅶ

いわとわけ音楽祭
～おかやまＪＡＺＺフェスティバル

© ユカゾウ

神社で初めての音楽祭

1998年、私はAMM、大友良英、ジョン・ローズ、灰野敬二の「岡山ミーティング」の傷手で傷心しきっていた。即興音楽やノイズが好きな今城正人さんが「市役所の近くの大供に石門別《いわとわけ》神社という面白い神社があるから一度行ってみないか?」と、誘ってくれた。通称「とかくしさん」として地元の人に親しまれている神社だ。定期的に「我が町を語る」という地域の集まりがあって夜遅くまで、四方山話をしている。今城さんも「路上観察学(トマソン)」とかいう妙な趣味を持っていて、その話をしたりする。高須理江さんという元気なご婦人がいらして、神主だったご主人が亡くなられた後、禰宜《ねぎ》として神社を切り盛りされていた。

読んで字の如く、「天の岩戸」に関係した神様を祀っているらしい。「天の岩戸」に隠れた天《あま》照大神《てらすおおみかみ》を、なんとか呼び戻そうと八百万《やおよろず》の神々が集まって踊りやお囃子で宴を繰り広げる。天《あめの》鈿女命《うずめのみこと》が半裸で踊って神々を大いに喜ばせた。その賑々しい宴に誘われて天照大神が岩戸をそっと開けたところを、待ちかまえていた力持ちの天手力雄命《あめのたじからおのみこと》がしっかりと天の岩戸に手を掛けて開け放った。そして天照大神の御威光が世の中を再び照らし、元のように明るくなった。その故事に則り石門別神社で音楽祭をして、世の中を明るくしようということになった。

1998年9月6日に、「第一回いわとわけ音楽祭」と銘打って「梅津和時&こまっちゃクレズマー」をゲストに呼んで、「SOUL FOOD」「ポップスVS歌謡」「内田バンド」「コジマサナエ」「岡崎直樹ジャズマシーン」「秘宝館昇天堂一座」「スッポン」「満月の夜に踊る、岡本かおり〜庄司勝浩」岡部春彦、赤田晃一と、岡山のディープなバンドやパフォーマーたちが集まった。同時にフリーマーケットの出店も募って、境内で開催する運びとなった。私、平井を筆頭に、今城正人、赤田晃一、香山雅美、白神貴士、田中恵一、犬養佳子などが主要なメンバーとなって、様々な人たちが集まり毎週、謀議を重ねた。謀議といっても、話がいつも脱線して各々好き勝手にダベっていたのだが、新しい何かを企てるのだから自由な発想の中から何らかの糸口はないものかと、私はみんなの話を聞いていた。実際脱線したままの話も多々あったが……。

白神貴士さんは「秘宝館昇天堂一座」を率いる座長で、他にも妖しい劇団を組んで前衛的なアングラ劇を頻繁に手がけていた。その後の「いわとわけ音楽祭」の歴史的考察を踏まえて、根幹の指針を彼がプロデュースしていった感も拭えない。「いわとわけ音楽祭」の始まりと最後の寸劇を担当してもらい、踊りのパフォーマンスも「秘宝館昇天堂一座」のメンバーだ。中でも「たまき」さん（今は、独自に活動している）が赤田さんのサックスに絡んで、おどろおどろどしい踊りを披露してくれた。ダンサーといえば、その当時東京から岡山に帰ってきた創作ダンスの岡本かおりさんが、広島の庄司勝浩さんのサックスで天鈿女命のダンスをセクシーに表現してくれた。

岡山のバンド共同体「サンバン」のドラマー竹本洋朗さんは、「公園まつり」からの付き合いもあって「ポップスVS歌謡」というコミックバンドで参加した。PAも担当してもらい、なにかと協力してもらった。「ポップスVS歌謡」以外にも赤田さんのサックスとパーカッションで、舞台のお囃子の演奏を盛り上げた。LPコーナーでアルバイトをしていた藤原弘達さんも、ギターで「ポップスVS歌謡」に参加した。ちなみに彼の芸名は「エロミチ」であった。「サンバン」のメンバーは林清文（g./sax）さんや近藤良（sax）さん、福本よしみつ（key.）さん、井上宏行（b.）さん等が参加した。そして忌野清志郎が好きなギターのジャック・守安、ドラムのこびちゃん、ベースのシンちゃんと強力な個性バンド「スッポン」も「サンバン」の一味だ。

サナエさんはジャズだけでなく色々なジャンルにも、その音楽の菌糸を伸ばしていた。河村祐一（key.）さん率いるアース・ウィンドウ・アンド・ファイヤーもどきのソウルバンド「ソウルフード」や、ポップスジャズの内田かおり（key.）さん、内田港（b.）さん夫婦とジャズドラム田川誠一さんの「内田バンド」、今や東京で活躍しているベースの鳥越啓介、バードの岡崎直樹マスターと岡山のジャズ界隈のミュージシャンを連れて参加してくれた。内田バンドは子育て支援のイベント「ヴォイセス・フォー・チルドレン」でも中心的に活躍した。

そして、メインのゲストバンドに梅津和時さん率いる「梅津和時&こまっちゃクレズマー」だ。チンドンの源流、ジプシーのクレズマー音楽をひっさげた音楽集団。梅津和時、多田葉子(sax)、関島岳郎(tb.)、張紅陽(acc.)、松井亜由美(vl.)、岡地曙裕(ds.)と、猛者揃いだ。

会場を練り歩きながら演奏は始まった。梅津さんのサックスが境内に鳴り響くと、さっと空気が変わる。やはりプロのサウンドには音楽を聴かせる気迫がある。投げ銭ライブを試みてみたが、ブロッツマン=羽野昌二の時みたいにはお金は集まらなかった。場内アナウンスで赤田さんもカンパを呼びかけたが、神社の境内という場所ではなかなか気前よく投げ銭をする観客は少なかった。収支的には厳しかったが、神社という場所での初めての音楽祭にしては、そこそこ賑やかに人が集まった。

ところが後日、高須さんの家に苦情の電話が鳴りっぱなしだったことを教えて頂いた。地域の氏神様という御威光で、すべて対応して頂いたが野外の音楽祭にはつきものの苦情の電話だ。翌年以降は、町内への根回しをして頂いたのでそれほどでもなくなったようだ。「いわとわけ音楽祭」の開催は、高須禰宜さんの音楽への理解のお蔭であったのだ。ちなみに、高須さんの長女はクラシックのピアノをされている。蛇足ながら、ダンサーの岡本かおりさんと竹ちゃんはこの後結婚にゴールインした。

翌年10月24日の「第二回いわとわけ音楽祭」は、ゲストに日本が世界に誇るジャズピアニスト佐藤允彦さんを呼んで、「ランドゥーガ道場」を開催した。その頃、赤田さんは佐藤允彦さん主宰の即興音楽集団「ランドゥーガ道場」に参加するため、東京まで車で寝泊まりしながら足繁く通っていた。佐藤允彦さんは「ランドゥーガ」というアルバムを出して、プロミュージシャンたちとも、東洋を意識した即興音楽の新たな方向を模索していたのだ。そして「ランドゥーガ道場」では、若いミュージシャンたちを集めて集団即興音楽を試みていた。私は数年前、佐藤さんと高田みどり、姜泰煥のトムクラミという即興ユニットのコンサートを広島に観にいったことがある。副島さんがプロデュースしたコンサートだった。前日にMO:GLAで前夜祭として、佐藤允彦さんの即興ジャムセッションを行った。赤田さんは「親方」と仰ぐ佐藤師匠が来るとあって、肝入りで「いわとわけ音楽祭」に臨んだ。

去年の反省もあって、地域の鹿田小学校ブラスバンドにも参加してもらうことにした。高須さんの子息、高須謙二さんにも手伝いに入って頂いた。コジマサナエさんはベースの鳥越啓介と東京に活動の場を移していて、東京の扇谷研人（key.）と沼直也（ds.）という若手のミュージシャンを

佐藤允彦「ランドゥーガ」2004

引き連れて帰ってきた。そういえば、春先にサナエさんと鳥越さんが東京に行く時は、デヴィット・ホールで賑やかに追い出しコンサートを行った。ちょうどNYから帰っていた橋爪亮督さんも参加してくれた。コンサートの後、まつもとコーポレーションの海野さんや浅野さんの協力で、旭川の河川敷にてBBQパーティーを真夜中までした。サンバンや岡大ジャズ研のみんなも参加して無礼講で盛り上がった。そして、内田バンドも福岡に帰っていて駆けつけてくれた。岡大のジャズ研からは、「殺人ジャズ」というフリージャズ・バンドが参加した。岡大ジャズ研の中でもはみ出しのグループだが、面白いことをしていた。市内のストリート・ジャズのイベントで、あまりにもうるさいので電源を切られたという武勇伝を持っている。メンバーの河島健太郎さんと木村智さんは、当時LPコーナーでアルバイトをしていた。サックスの岡部春彦さんも香川に帰っていて、「ひちりき」も吹くようになっていた。そして去年のメンバー「秘宝館昇天堂」の竹本かおりさんこと「ドラちゃん」、河村さん、サンバンの面々が出演した。「ランドゥーガ道場」は佐藤さんの指揮で金管楽器、弦楽器&キーボード、打楽器、そして鳴り物の各パートで、各自、自由な音を出す。それぞれの音が絡み合いながら、音楽らしき音のつながりとなっていく。ディデュリデュで一躍日本の表舞台へ躍り出た河田嘉彦さんも、その頃はまだトロンボーンのインプロヴァイザーとして赤田さんと共に参加。今城さんは車のホイールを持ってきて、「コレがなかなかやかましい音がするのだ」とかいって棒でもってガンガン叩いていた。トランペッターの三村勝則さんや出演バンドのプレイヤー、鹿田小学校ブラスバンドの子供たちも参加して、即興の面白い音楽表現を体験した。

内田バンドのドラマー、田川誠一さんの奥さんの郁子《あやこ》さんが料理が上手で、打ち上げでは彼女の手料理でみんな舌鼓を打った。ジャック守安さんは、一人で看板屋をしていて、「いわとわけ音楽祭」の「のぼり」を作ってくれた。ところで、「いわとわけ音楽祭」のイメージキャラのイラストはＬＰコーナーの清水ユカこと「ユカぞう」作である。森下優子さんも犬養さんと一緒に準備段階から色々と裏方を手伝ってくれた。「秘宝館昇天堂」のことはやこさんが影アナとして演劇と進行を魅惑のヴォイスでサポートしてくださったほか、ポスター&チラシ等の印刷物の制作を菅野恵美さんが協力してくれた。

２０００年の第3回目は10月29日に開催した。津下さんの紹介でゲストに巻上公一を呼んだ。モンゴルのホーメイや口琴の珍しい音楽のソロ・パフォーマンスを繰り広げて頂いた。巻上さんの独特の喋りと音楽の持って行き方は、人を引き込む魅力を持っている。様々な音楽的手法について深い造詣があって、頭の切れる人だ。そんな裏付けがあってこそ出来るパフォーマンスなのだろう。奥さんが付き添いで来られていた。物静かで清楚な人だった。

出演者は、ブラジル音楽をしているフェリーペ中村さんのサンバ・チーム。中村さんはジャズやブラジルギターを弾き、パンデイロも演奏する。鷲羽山ハイランドのブラジル人のサンバ・

チームとも演奏経験があり、ブラジルにもよく行っているようだ。倉敷ではその方面では有名ミュージシャンでもある。岡山駅前のストリート・ミュージシャンたちの代表的存在のバンド「鋼の人」。バンドといっても、子連れの奥さんとの2人バンドだ。「花鳥風月」というオリジナルの良い曲を持っている。メジャーデビューした岡山出身のドーリスも彼らの仲間だ。

津山からは松岡一夫さんの「鶴山桜太鼓」が来てくれた。ヨーロッパ遠征などもしているグループだ。そして、岡山からは乙倉俊さん率いる「備前鼓空」。乙倉さんは、アメリカでロックバンドのドラマーをしていたという経歴を持つ。だから普通の和太鼓のグループとはひと味違う。歌にサナギさんという民謡の歌い手のような、よく通る声のシンガーがいた。普段はペパーランドなどに出演するパンクバンドのようなバンドで歌っている。逸材だが、危ない性格をしていた。しかし、今はちょっと元気な普通の主婦に納まっている。年配の方で、シゲさんという、捻りはちまきで威勢のいい魚屋の爺さんみたいなメンバーもいたり、車椅子で太鼓を叩いている奥本さんやら、個性派揃いの音楽集団だ。鼓空はこれ以降「いわとわけ音楽祭」にレギュラー出演して頂いた。

サナエさんは「コジマサナエ&R2」というバンドで東京から帰ってきた。今回も「内田バンド」は福岡から来てくれた。岡部春彦さんはバリの打楽器も持って来て、ひちりきやサックスでエスニックな演奏を繰り広げた。そして、年若い新妻も連れてきた。一回り以上離れているようだ。「ほとんど犯罪でしょう」と、私が言う前に本人から口火を切った。伏し目がちで内向的な女の子だったが、岡部さんは可愛くてしょうがない感じだった。彼は、ひちりきの宮司の楽士として免許も取ったそうで、香川ではけっこう音楽の仕事をしていたようだ。今では北欧のジャズフェスに出演したり世界的に活躍している。今回からは田中恵一＝犬養佳子の「Rrose Selavy/Celine」もエントリーした。まだ音楽的には未熟ではあったが、独自の世界観を音楽で表現するバンドだった。

今年も地域参加で、鹿田小学校のブラスバンドが出演した。ドラムを叩いている男の子が、この祭りを楽しみにして結構がんばっていた。そして地域の年配の女性による銭太鼓のグループも参加。音楽以外のイベントとして餅つき大会や「カレー三昧」としてフリーマーケットにもカレーの店に多数出店して頂いた。そのカレー屋さんの中でインド人が出店している店があって、そのインド人パタちゃんがクルクルと回る踊りを披露してくれた。クルクル回ると着ている丈の長い末広がりの服が円錐状に広がり、巻上さんのホーメイや岡部さんのバリの打楽器などと相まって、国際色豊かな雰囲気の「いわとわけ音楽祭」となった。しかし、予算的には尻つぼみになってゆき、翌年への存続が危ぶまれるような内情だった。

岡山音楽祭・野田悟朗・内田先生

その頃、岡山市では、地域振興の事業に補助金を出していた。ジミー・スコットの来岡の時、岡山市や岡山県に名義後援申請に何度か市役所に行っていたので、「いわとわけ音楽祭」の補助金もお願いしに伺った。書類審査を経て、なんとか補助金を獲得出来た。すると、文化政策課の長崎司さんという方から「平井さん、ジャズの音楽祭か何か、市と一緒に出来ないだろうか」と声を掛けられた。

当時、市長選挙で新しい市長に萩原誠司さんという方がなられて、文化政策課の課長に長崎さんが抜擢されたのだ。長崎さんは普通の公務員とは違う型破りな発想で、演劇や音楽、文化、そしてIT技術にも関心があって、私のジャズ活動やシーツ・オブ・ミュージックのこともご存じだった。私の、ちょっと一般から逸脱しているような企みを色々とを聞いて下さった。

「手掛けてきたジャズイベントは、収支は成功してトントン、だいたい予算の2〜3割は持ち出しとなる。だから、予算の2〜3割程度を援助して頂ければなんとか面白いジャズ音楽祭が出来ますよ」と話した。すると毎年、市が行っている「岡山音楽祭」にその仕組みを組み込んで、その年から「予算の3分の1助成」ということで広く一般からも公募して「岡山国際音楽祭」と名称も変えて開催することになった。そして、わたしの念願であった「おかやまＪＡＺＺフェスティバル」も「岡山国際音楽祭」の一環として開催の運びとなった。

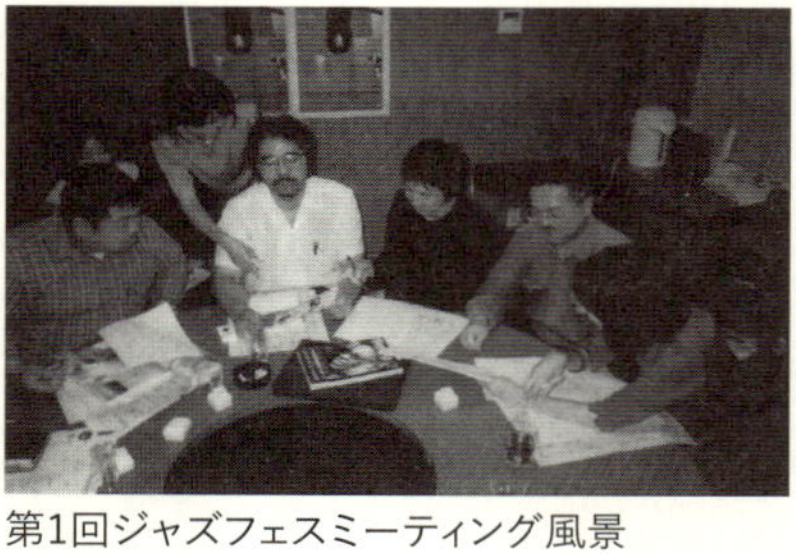
第1回ジャズフェスミーティング風景
（左より、赤田、藤原、平井、上妻、嶋岡）

「おかやまＪＡＺＺフェスティバル」に向けて

第1回おかやまＪＡＺＺフェスティバルは、２００２年8月9・10日の2日間の日程で準備が始まった。メイン・コンサートは、10日の岡山シンフォニーホールでのゲイリー・バートンと小曽根真のデュオだ。

神戸の「甲陽サウンズ」という、バークリー音楽大学と提携している「甲陽音楽学院」が経営している音楽のプロモート部門があって、理事長の菅内孝憲さんが仕切っている。この「甲陽サウンズ」とは、ギターのマイク・スターンのライブをデスペラードで開催したことがある。その時はドラマーにデニス・チェンバースが来た。菅内さんに、1年前から「おかやまJAZZフェスティバル」の話をして招聘ミュージシャンの打診をしていた。そして、バークリーの理事でもあるヴィブラフォン奏者のゲイリー・バートンに決めた。

チック・コリア＝ゲイリー・バートンの「クリスタル・サイレンス」というECMの名盤がある。その透明感溢れるサウンドは発売当時、シャインでも話題盤だった。小曽根さんは、日本が世界に誇るジャズピアニストの秀才だ。第1回のメインコンサートとしては申し分ない。岡山公演に合わせて招聘を決めてもらったので、ギャラは高く付くことになったが仕方がない。

そしてモン・プロの西蔭さんにもお願いしていたが、この時期の招聘ミュージシャンにはビッグ・アーティストはいなかった。ノスタルジックな女性シンガー、ラベイ・スミスを招くことにした。お色気ジャズシンガーで、ウェストコーストの往年のジャズファンに人気のある歌手だが、日本ではさほど知名度はなかった。この来日ツアーに合わせて日本盤も発売となったが、ジミー・スコットの時のようには話題にならなかった。年明け早々には、会場のシンフォニーホールも押さえなければならない。

市の協力があるといっても、まだ海のものとも山のものとも判らない段階では仮予約は出来ても、前金を納入しなければ予約は確定しない。実行委員会も立ち上がっていなかったので、店（平井音楽庵・十六夜）のお金をかき集めて補助金が出るまで立て替えた。もう後に退くことは出来ない。

ＪＡＺＺフェスの実行委員会の立ち上げに向けて、２００１年の年末から夜な夜な岡山の音楽関係の店を徘徊することとなった。（普段でも、そうではあったのだが……）その頃、ライブやコンサートでよく顔を合わせる年配の方がおられた。実行委員会の話をしてみると、快く引き受けて下さった。嶋岡民樹さんとの出会いだった。

彼は、ＪＡＺＺフェスに参加されて、その後「岡山ジャズネットワーク」や「岡山ブラジル文化愛友会」という団体を立ち上げて、岡山のジャズやラテン音楽の世話を今でも地道にされている。アルゼンチンのリリアナ・エレーロの岡山公演も嶋岡さんが世話をされた。

ほかに、小島さんの2代目シャインの頃からの知り合いの外科医でピアニストの太田徹哉さん。ジャズファンで、大阪や東京のジャズコンサートによく行っている岡本充泰さん。ジャズサックス、赤田晃一さん。市民活動家、一井暁子さん。シンクタンクの横山泉さん。岡大ジャズ研、上妻啓人さん。デザイン会社、藤原真理子さん。歌手志望ギャル、木村ゆかりさん。市の文化政策課からも、大塚利昭さん、山川純一さんらが参加して、個性のあるメンバーが集まった。

そして、名誉会長に岡山市長の萩原誠司さん、会長に乗金健郎さん、顧問に飛岡宏先生になって頂き、「おかやまＪＡＺＺフェスティバル実行委員会」は、年明けの２月頃から動き始めた。市民の手作りＪＡＺＺフェスティバルの始まりだ。どんな企画でもそうであるように、みんなの気持ちが熱い分だけケンケンガクガク、ドタバタとしながら実行委員会は踊りに踊った。

「第一回おかやまJAZZフェスティバル」実行委員会

地元主催者も、岡山のジャズミュージシャンへの交渉や調整と、これも大変な作業となった。岡山シンフォニーホールには、地元のミュージシャンも出演するということで、オープニングをライブハウス「バード」の岡崎直樹さん率いるジャズマシーンにお願いした。メンバーは藤井雅紀（p.）、渡辺綱幸（b.）、浦上正風（ds.）。

岡崎さんは、学生時代に愛媛県の松山市の「ジャズイングレッチ」というライブハウスで夜な夜なジャズの腕前を磨いていた。一度、松山に行った時グレッチに寄ったことがある。岡崎さんの若かりし頃のサックスの演奏をカセットで聴かせてもらったが、その活きの良いジャズに驚いて聴き入った。若かった分だけバードでの演奏よりヴィヴィッドな演奏をしていた。そんなこともあって、よく松山や四国のミュージシャンがバードに立ち寄っては、ジャムセッションに参加していた。だから、今回のジャズフェスではベースを松山から呼んだようだった。

第1回岡山ジャズフェスパンフレット

ほかに、岡山出身のコジマサナエさんのグループ。鳥越啓介さんと、東京から新人ピアニストで注目の田中信正さん、パーカッションの和田啓さんを連れて参加することとなった。田中さんは愛知の内田修先生も応援していて、一度バードで「JO-MO」という前衛的な荒井皆子さんのヴォーカルと田中さんのピアノ・デュオのライブをしたことがある。和田さんは、サナエさんのファーストCD「ジャングルの都」にも参加している。シンフォニーホールのステージは、岡本さんを中心に岡山音協さんにも協力を頂いて構成を進めてもらった。

岡大ジャズ研出身で、サンフランシスコで活動しているヴォーカルのサミ金田さんもギターのピーター・フジイさんと出演することになった。

金田さんは、テイチクからデビューアルバムが出ている。CDの発売記念コンサートを西川アイプラザでしたことがある。彼女とシャイン時代からの知り合いだった太田さんが、岡田圭史(b.)さん、上岡進(ds.)さんとのピアノトリオでバックに入った。

ステージは中国銀行本店前の特設ステージだ。これは太田さんの発案で、フードやドリンク・コーナーも設けていて岡山らしからぬ会場だ。第1回目から毎年恒例の人気ステージとして、今でも中国銀行から場所を提供して頂いている。普段、イベントなどには使用していない場所でもある。中銀前のステージには他に、岡山のピアニストのドン、山本ヒロユキ・カルテット【秋山薫(as./fl.)、松井玲子(b.)、岡崎章男(ds.)】と、ボサノバのフェリーペ中村&ブラジリアン・ジャズ・プロジェクト。このグループも太田徹哉トリオ、中村さんのパーカッションチームのルンバブラザースが努めている。

8月9日の前夜祭は、烏城をバックにした後楽園の幻想庭園(毎年恒例の後楽園のイベント)での野外ステージのライブだ。長谷川楽器のサックス講師、井本和巳さんを中心とする「ペイジワン・ジャズオーケストラ」が出演。デビュー前の綾戸智絵さんも、よくペイジワン・ジャズオーケストラのコンサートでゲスト出演されていた。そして岡大ジャズ研のSSJO(Swingin'Society Jazz Orchestra)。どちらもゴキゲンなスイング・ジャズ・オーケストラだ。幻想庭園のステージの企画は、ジャズ研の上妻さんが中心となって行った。上妻さんとはJ

ＡＺＺフェス以外でも、世界的ラテン・コンガ奏者「ポンチョ・サンチェス」の来日ツアーに同行して、静岡と東京近辺の会場でのＣＤ販売を手伝ってもらったことがある。同じＪＡＺＺフェスのスタッフ、片山さんと3日間程の珍道中をした。今でも上妻さんは、橋爪さんのライブを手伝いに岡山に帰って来ている。

ストリート・ライブは赤田さんが現場監督だ。岡山シンフォニーホール横の時計台のステージで、オープニングセレモニーをする。その時のゲスト・ミュージシャンは、ライブハウス・イマージュの高倉昭博さんの紹介でJINMOさんのギターソロによるパフォーマンスに決めた。JINMOさんは芸術家の故岡本太郎さんと親交が深く、ちなみに岡山駅には岡本太郎の壁画がオブジェとして飾られている。本人も岡山が好きで、ペパーランドにもよく演奏に来ている。ジャズギターではないが、迫力のあるギターソロを弾くミュージシャンだ。

そして、市内の様々な場所で様々なミュージシャンがジャズや即興のストリート・パフォーマンスを繰り広げる。8月10日は、ＮＴＴのクレド岡山ふれあい広場の「クロスロード野外コンサート」を及部恭子さんが出演と進行を一井さんと一緒に担当してくれた。

「おかやまＪＡＺＺフェスティバル」のテーマである「ミュージック・クロスロード」は、街角に溢れるストリート・ライブが中心である。私は、音楽の演奏活動をしているミュージシャンたちの垣根を越えたフェスティバルを思い描いたが、初回ではまだまだ岡山のジャズミュージシャンたちが足並みを揃えて参加出来る状況を創るには至らなかった。様々な人間関係があるので、大変な労力と時間の掛かる作業となる。岡山では不可能に近いかも知れない。

実行委員会のもう一つの大きな仕事は、ポスターやパンフレットの制作である。ポスターやロゴ・デザインは山根利秋さんに制作して頂いた。そしてパンフレットの制作、この大変な作業は藤原真理子さんが担当して下さった。シーツ・オブ・ミュージックの制作スタッフにも手伝ってもらい、徹夜作業で開催ぎりぎりに出来上がった。A4判を細長く二つ折りにした64ページのオシャレなパンフレットだ。全ての会場やストリートで配布するのだから5000部ほど作った。あれもこれもと思う間に、時間は容赦なく過ぎてゆき、開催日となってしまった。

「第一回おかやまJAZZフェスティバル」本番

8月9日は、オープニングセレモニーの後、赤田さんが市内を練り歩いた。夜は幻想庭園の用意で機材運びだ。JINMOさんのライブもカフェ・イマージュであったので、そちらにも顔を出した。そして、デスペラードではアフターアワー・ジャズのイベントとして、ジャズソウルの河村さんの「コンプッレッション」のライブが盛り上がっていた。その後、JAZZフェスの協賛事業としてロック「ROCK OF THE DAY」のライブもデスペラードとイマージュで企画してくれた。8月9日はデスペラードで、10、11日の両日は、岡山県総合文化センターでロックやヘヴィ・メタルのバンドがジャズに負けないばかりの爆音でロックンロールを演奏してくれた。

いよいよ10日、本番を迎える。朝8時、シンフォニーホール横に集合だ。本部をシンフォニーホール横のビルの一室に構えて、事務局はシンフォニーや中銀前、クレド広場の3か所で、全体の運営をトランシーバーでサポートする。そして、それぞれの現場に分かれて準備に入った。

私は、シンフォニーホールの様子を確認して、ゲイリー・バートンさん、小曽根さん、ラベイ・スミスさん一行を岡山駅に迎えに行く。会計係の嶋岡さんにはミュージシャンの出演料等を持って、私に同行してもらった。かなりの大金だったので、終始緊張して鞄を抱えていた。会場の受付やチケットの管理、客席の誘導は岡本さんと音協の矢延さんに仕切って頂いたので、さすがに慣れた仕事振りで問題はなかった。

しかし、ステージ進行やリハーサルは、私とスタッフが担当したのだが、初めてのシンフォニーホールの大舞台に戸惑ってしまった。

4グループのリハーサルも逆リハを思っていたが、外タレの予定は気まぐれに変わる。リハーサルやセッティングにドタバタしていると、楽屋から呼び出しが掛かった。小曽根さんがコンサート後の打ち上げを兼ねた歓迎会に難色を示したのだ。開演前の一番忙しい時間ではあったが小曽根さんの意向を汲んで、お詫びして機嫌を取り直してもらった。

その間、ステージのリハーサルは西蔭さんが仕切ってくれていた。しかし、開場が遅れてしまったロビーは、入場を待っているお客さんで押すな押すなの大混乱となっていた。岡本さんも、悲鳴を上げていた。

15分程遅れて、サナエさんのリハーサルが済むか済まない間にやっと開場出来た。西蔭さんが「平井さん、わしを使うとはたいしたもんや。ギャラをもらわんと合わんぞな」と苦笑いをしていた。緊張の絶頂に呆然としている私を見て、甲陽の菅内さんは「小曽根さんにはよくあることなので、気にしないで下さいよ」と、肩を叩いてくれた。

なんだかんだと、メインのシンフォニーホールは無事開演となった。コンサートの途中、中銀前のステージも気になっていたので確認に行った。すると、凄い人で賑わっていて、ステージの様子をつま先立ちで観客の頭越しにやっと見ることが出来た。実は、近くの日本銀行跡地でも「ルネス・ホール」というイベント会場に改造中で、カフェ・サウダーヂを中心とする若い世代のグループがネオ・ジャズのコンサートを演っていた。

シンフォニーホールの最後のプログラム、ゲイリー・バートンと小曽根真のデュオを2階の後ろの席で聴いて、半分肩の荷が降りた。１２００人程の入場だった。４グループの出演だったのでデュオの演奏時間も1時間少々と短かったが、トータル3時間以上のコンサートは観客には長すぎたかもしれない。最後の曲まで聴く間もなく、撤収の準備で私はバックステージに向かった。

コンサート後の出演ミュージシャンの歓迎会は、スポンサーのアウディ展示場の会場で行った。サナエさんグループに余興のライブをしてもらい、シンフォニーホールの撤収を終えて私が駆けつけた頃はライブの終盤で、会場は盛り上がっていた。結局小曽根さんは来なかったが、ゲイリー・バートンさんは奥方を連れて参加してくれた。

私はゆっくりと会食する間もなく、ミュージシャンたちの帰りの手配をした。歓迎会は1時間ほどでお開きとなり、ミュージシャンやマネージャーたちもホテルへの帰路に着いた。片付けを済ませて、シンフォニー横の本部に帰ると、零時過ぎだった。数人がへとへとで待っていた。腹が減ったのも通り越してしまい、スタッフの打ち上げ兼反省会は後日するということで、「お疲れさん」と声を掛け合い、長かった一日は幕を閉じた。

翌日、MO:GLAでサナエさんグループ単独のライブも行った。田中信正さんが出るということで、内田先生も観に来られた。しかし内田先生は、サナエさんのソウルフルにはじけてしまう歌い方がお気に召さなかったのか「あなたのような歌が、ジャズを駄目にするのだ」と、酷評した。そういえばその頃、綾戸智絵さんが日本中でブレイクして、先生も最初は応援していたのだが途中から綾戸さんに「もう私の名前は、あなたの口からは出さないで欲しい」と、厳しく縁を切ってしまった。

日本のジャズファンや世界のオールド・ジャズファンには、白人系のセクシーなボーカルが人気がある。しかし、アメリカのジャズは確実に進化していて、ヒップホップやラップも取り入れたブラック・ミュージックのルーツを持ったアフロ・アメリカン・ジャズとして、新しい世代が台頭してきている。でもその音楽は、昔ながらのジャズファンには、もうジャズとしては受け入れられていないのかも知れない。

「第二回おかやまJAZZフェスティバル」〜「いわとわけ音楽祭」

翌年の第二回おかやまJAZZフェスティバルは、8月8日と9日に渡り開催した。メイン・

コンサートはシンフォニーホールで白鳥英美子さんと、木住野佳子トリオ、マンデー満ちるさんグループを呼んだ。加えて、岡山出身でパリ在住のアコーディオン奏者、Ｔａｃａこと清水貴博さんが神戸のピアニスト・金谷こうすけグループと参加することとなった。そして清水さんのご両親が実行委員会にこの年から参加され、なにかと御尽力頂いた。そのほか、玉野出身のベーシスト鳥越啓介さんも田中信正（p.）、藤井学（ds.）のトリオで出演した。鳥越さんのお母さんも実行委員会に参加され、協力頂いた。フェリーペ中村さんはブラジルのギタリスト、カルロス・オルテガを呼んで来てラテン・ブラジル音楽を演奏した。

実は、私はオープンして間もない「平井音楽庵・十六夜」が昨年のＪＡＺＺフェスの後、大阪ＬＰコーナーの倒産のあおりを受けて、大変なことになっていた。ＪＡＺＺフェスを立ち上げておいて無責任な話だが、中心的にかかわることが出来なくなっていたのだ。ヤヒロトモヒロさんから受けていた結成間もない「ガイアクアトロ」のコンサートの話は、市の文化政策課の長崎さんの協力で、新しくなった山陽新聞社の「さん太ホール」で開催できたものの、ＪＡＺＺフェスのメイン企画にかかわるほどの余裕はなかった。

ＪＡＺＺフェスの事務局が決まるまで、店を事務局代わりに使っていろいろな事務処理を手伝ったり、出来る限りの協力態勢を取って臨んだ。そんなこともあってか、十六夜のアルバイトをしていた吉橋ひふみさんも実行委員会に参加して事務局の仕事を切り盛りして下さるようになった。彼女はエゴ・ラッピンが好きで、その年にエゴ・ラッピンのライブがクラブJAMであったが、それも店で手伝った。今でも実行委員会の主要なポストでＪＡＺＺフェスを続けてくれている。

当日、私は城地下のストリート・ライブ会場と駅前の今はなき「クラブJAM」で、バードの岡崎さんや及部さんを中心としたジャズ・ミュージシャンの「オール・デイ・ロングのジャズセッション」を手伝った。また、岡山禁酒會館中庭で「古き良き時代のＪＡＺＺを訪ねて～ラグタイムからスィングまで～」というオールドスタイルのジャズコンサートを尾崎ツトムさんの企画で、新しく行った。「いずみ」さんというコケティッシュな女性ヴォーカリストが、岡山のみんなに注目された。十六夜の店にもよく遊びに来ていて、個性的なヴォーカルを歌う女の子だった。現在は結婚して、藤原和泉としてユニークなジャズのライブ活動をしている。

「カフェ・サウダーヂ」の森山幸治さん（現在岡山市議）にも協力頂いて「真夏の夜の夢vol.2」として旧内山下小学校特設会場でA.S.P、Asa-Festoon、saigenji、ユラギハナイロと、若い人たちの新しいジャズのミュージシャンたちを呼んでイベントを企画。この「真夏の夜の夢」は、ＪＡＺＺフェスとは違った形で、「まちのブンカサイ」として旧内山下小学校特設会場で今も続いている。

ＪＡＺＺフェスには間に合わなかったが、ジャズ・フォーラム岡山も出井さんたちと一緒に、この年の秋にサックスのスコット・ハミルトンのコンサートを市民文化ホールで開催した。スコット・ハミルトンは綾野葉子さんという新人ヴォーカリストと共演した。オール・アートの石塚さんの新人発掘だ。ノーマン・シモンズという玄人好みの黒人ピアニストが一緒に来ていた。私は、スコット・ハミルトンのデビュー当時からのファンで、ＬＰコーナーでたくさん売ったミュージシャンだった。爺さんのくせに、i-Podをイヤホンで聴きながら、小脇にi-Padを持っているというＭａｃファンだった。私はＭａｃが縁でスコット・ハミルトンと意気投合した。

スコット・ハミルトンと

２００１年以降の３年間、「いわとわけ音楽祭」は岡山市の地域振興事業の一環として開催することとなった。舞台の大道具として、天岩戸《あまのいわと》をジャック守安こと守安智之さんにお願いして作ってもらった。岡山市のロゴが入った看板も作って、ＭＣをレディオモモのアナウンサー平川さんにお願いした。

サナエさんと鳥越さんは、ギタリストの廣木光一さんと一緒に東京から帰ってきた。廣木さんも、高柳昌行さんの弟子で大友良英さんとは別の方向性で独自の音楽活動を続けておられる。音楽的にオープンで幅広い知識と演奏技術で、全国的に音楽のワークショップにも尽力されていて、若手のミュージシャンたちをたくさん育てている。最近は岡山でも、竹本さんのサンバンで頻繁にワークショップを開いている。この「いわとわけ音楽祭」に合わせてサナエさんの同窓生が経営している湯原温泉のホテルでもライブコンサートを行った。

それから、トランペッターの三村さんが三浦能《みうらちから》さんというドラム&パーカッショニストを呼んで来て、ジャズの即興演奏をした。乙倉さんの「biZen鼓空」、田中さんと犬養さんの「Rrose Selavy/Celine」は、レギュラーとして参加するようになっていた。

デスペラードやイマージュのロック・ブルースのバンド「岡野真太郎バンド」や「きん太マン」こと金光一孝さん（PAも担当してくれた）、高倉昭博さんのロックンロール・バンド、「HEYちゃん」、ヴォーカルの「いずみ」さんと黒瀬尚彦さん、ポエトリーリーディングで写真家の岩本文秀さん、秋篠典子さんと織音のりさん、岡山のプロテスト・フォーク・シンガーの尾崎ツトムさん、沖縄の三線の名手あたらし屋の小林明さん、ストリート・ミュージシャンの佐藤アキラさん、地元の多彩な音楽やアーティストらが集まって来た。

白神さんの「秘宝館昇天堂一座」は、「幻白会」と名称を改めて、全体の流れを仕切ってくれた。そして、市会議員の故・亀井章さんには何かとお世話頂いた。

2003年には、不破大輔さんが主宰する「渋さ知らズ」を「いわとわけ音楽祭」に呼ぶことが出来た。フジ・ロック・フェスティバルでトリを取ったほか、ヨーロッパのミュージック・フェスティバルでは、その圧巻のクレイジーさでもって世界を驚かせたテント芝居的即興パフォーマンス・バンドだ。

メンバーは不定で、今回は不破大輔、関根真理、小森慶子、北陽一郎、佐々木彩子、室館彩、大塚寛之、ヒゴヒロシ、立花秀樹、泉邦宏、内橋和久、川口義之、さやか、高岡大祐、片山広明、田村文彦。エロいダンサーのお姐さん方が来られなかったのが残念だったが、白塗りの暗黒劇のダンサーが妖しく踊ってくれた。

前日にデスペラードでライブをしてテラ銭を稼いで、合宿所のような大人数が宿泊出来る施設を借り切り、打ち上げ兼前夜祭の宴会を行った。片山さんが零時頃からサックスを吹き出し、赤田さんも待ってましたとばかりサックスを取り出し、真夜中の即興ジャム・セッションが始まる。翌日の「いわとわけ音楽祭」もあるので程々にお開きにはしたが、私はほとんど徹夜状態で臨んだ。

渋さ知らズ「渋さ道」

昼の2時過ぎ頃、「渋さ知らズ」の演奏の後、メンバーを送り出した。私はどっと疲れが押し寄せ、神社の大木の下で仮眠を取った。サルさんこと大塚さんの強烈なギターもさることながら、サイドガラスの取れた今にも壊れそうなムスタングで、ブロブロと音をたてながら石門別神社のある大供の町内を駆け抜けて行ったのが、印象的だった。この時のポスターは、十六夜でアルバイトをしていた岡村智子さんことモコさんが「渋さ知らズ」のファンで、サイケでカラフルなデザインで作ってくれた。彼女は、四原色の色感がある特異なデザインのセンスを持っている。

そしてこの年、サックスの赤田さんはbiZen鼓空のメンバーでキーボード奏者の「みゆき」さんとめでたく結婚された。

2004年、川嶋哲郎さんもソロ・サックスで参加して下さった。夏に、JAZZフェスの中銀前会場でピアニストの中村真さんとのコンサート。その時「いわとわけ音楽祭」の参加を引き受けてもらった。

その頃、イタリアの即興サックス奏者ジアンニ・ジビア（Gianni Gebbia）さんが、岡山の円山にある曹源寺という禅寺で修行をしていて、赤田さんが「いわとわけ音楽祭」に連れてきた。川嶋さんのジャズ・スタンダードを独自に解釈したアドリブのサックス・ソロは素晴らしいものがある。ジアンニさんはヨーロッパ・フリー・インプロヴィゼーションのサックス奏者だ。サックスから出る様々な音を駆使して即興のソロ・サックスを吹く。2人でセッションをしたが、音に対するアプローチが違うのであまりかみ合わなかった。

「いわとわけ音楽祭」は奉納演奏なので、川嶋さんは前日、内山下の「真金堂」という蕎麦屋で山本ヒロユキさん（p.）、赤堀嘉美さん（b.）のトリオでライブをした。スタンダード・ジャズの王道とでもいうサックス・トリオを聴かせてくれる。川嶋さんのソロ・サックスを聴くと、ソニー・ロリンズを思い出す。岡山と福山で2回聴いた。その当時70代という高齢にもかかわらず、豪快にスタンダードをアドリブで延々と吹きまくる。正にサックスの巨人だ。コンサート後も楽屋口でサインを待つファンの長い列にもいとわず、すべての人にサインをする。正にジャズの神様だ。

川嶋さんを車で送っている途中、「サックスの仕事があるのは有り難いことですよ。まだ、僕は音楽の女神に微笑まれているのですね。微笑まれている間はサックスを吹きますよ」と私に語った。音楽の女神、ミューズか弁天様か。その頃、川嶋さんは日本的なイメージでサックス・ソロのアルバムを制作していた。「天元鏡花水月」「天元改天換地」「天元天衣無縫」「天元裂古破今」と一連のソロ・アルバムは、「いわとわけ音楽祭」に出演したからか、彼がちょうどそういう時期にあったのか定かではない。ロリンズは90歳近くになってもサックスを吹いているようだ。ロリンズはきっと音楽の女神に惚れられているのだろう。

話は横にそれるが、川嶋さんと来た中村真さんとは綾戸智絵のコンサートで出会い、その後サウダーヂや蔭凉寺、インターリュードでライブを行っている。シャープで独特のタッチでピアノを弾く。自転車で全国ソロ・ライブ・ツアーをしたりユニークな演奏活動を行っている。

その後の「いわとわけ音楽祭」

その後、「いわとわけ音楽祭」は、岡山市の援助もなくなったのでスタッフが知恵を出し合って続けていくこととなった。その間、私の店も閉店という憂き目に遭った。

赤田さんが浪花の女性シンガー、小林真理子さんを呼んできた。昔、フォーライフ・レコードからデビューを果たしたシンガーソングライターだが、歌詞の内容は女性の下ネタを露わに歌った、放送禁止ともいえる歌だ。下世話なジョークで笑い飛ばせば、実にユニークで「そこまで言うのか！」とスケベな酒呑みには最高の肴でもある。しかし、昼間に神社でマイクを通して聴くには、世間一般の女性の方々には聴くに堪えがたい内容ではある。高須禰宜さんが終始眉をしかめていた。

彼女は私と同世代で、神戸のお嬢様大学に行っている。デビュー前の井上陽水さんなどとも交流があったようだ。私が、「平井音楽庵・十六夜」を閉めてうどん屋をしている時、一度うどん屋でどんちゃんライブをしたことがある。彼女の時事ネタも毒があって面白い。頭はいい人だ。人生がクラッシュしなければ、こんな歌は歌えない。「クラッシュしなければ、新しいことは始まらないのだ」と自責にも似た慰めの言葉が浮かんできた。

筒井大輝さんことダイちゃんというダウン症の男の子がいて、竹本さんにドラムを習っている。そのダイちゃんが、デビュー演奏で「いわとわけ音楽祭」に出演した。RSK（山陽放送）がダイちゃんを取材していて、テレビカメラが入ってきた。竹本さん他、サンバンの演奏者たちがダイちゃんをサポートしてライブは無事収録できた。福祉関係で有名な名言「この子たちが笑顔で暮らせる社会」。最近、仕事の関係もあって、この言葉を見るとダイちゃんの笑顔を思い出す。ダイちゃんは成人して今でもドラムを叩いている。

いわとわけ音楽祭で川嶋哲郎と

第4回目くらいから、高須禰宜さんに代わって息子の高須謙二さんが宮司となって「いわとわけ音楽祭」を仕切って下さった。参加者はお祭りが始まる前に、神社の拝殿で御祓を受けて「いわとわけ音楽祭」にとりかかるようになった。

白神さんの脚本で「天の岩戸」の故事は新しい解釈で演じられる。オープニングは天照大神が岩戸に隠れるまでを演じ、そこから音楽が始まる。そして天鈿女命《あめのうずめ》の踊りもこの音楽祭のもう一つのシンボルでもある。故事では、ストリップに近い踊りを踊ったとされる。それを観た八百万《やおよろず》の神様たちは、おなかを抱えて笑い転げたとされている。

白神さんは一度、劇団員におかめの面とシースルーの衣装をまとい、裸体に近い状態で踊ったことがある。ほかにも書道家の蟠龍《ばんりょう》さんが音楽に合わせて全裸の女体ボディー・ペイントをしたこともあった。エロティシズムと神事は、どこかで繋がっているのだ。音楽祭の最後にその年の天照大神《あまてらすおおみかみ》役を女性シンガーの中からお願いして、岩戸の中から登場してもらうと、音楽は最後の盛り上がりに入る。コジマサナエさん、犬養佳子さん、そしておおたか静流さんに天照大神役を演じて頂いた。盛り上がりの後は、いつも「Rrose Selavy/Celine」の浮遊感あるサウンドで静かに「いわとわけ音楽祭」の幕を閉じる。

【野田悟朗】

「のらねこ」こと野田悟朗という丸坊主の放浪のギタリストがいた。ふらっと「平井音楽庵・十六夜」を訪ねて来て、話をするとラルフ・タウナーとかスティーブ・エリオヴソン、エグベルト・ジスモンチなどECM系のギタリストが好きだという。意気投合して私に懐いてしまった。ナチュラルなソロ・ギターを弾く。脱サラでギターを始めて、廣木光一さんのクリニックに参加して自由に演奏をするということに開眼したそうだ。気持ちからギターを弾いているので、テクニック云々といわなくとも心に伝わる演奏をする。駅前のカフェ・モニでソロ・ライブの手配をした。

その後、「いわとわけ音楽祭」や「おかやまJAZZフェスティバル」のストリート・ジャズなどに参加しては、私が借りていた表町の「ときわビル」に数日居候する。音楽の仕事がなくても岡山に通りかかると新作のCDを持って寄って来る。元々デザイン会社の仕事をしていたので、CDといってもCDRだが、ジャケットから印刷物、ホーム・ページまで自分で作ってしまう。ほんとに「のらねこ」のようなミュージシャンだった。エスニックなニュー・エイジ系のユニットで演奏したりしていた。

彼はSNSのMIXIを通してよく連絡してきた。すると、ドイツのレコード会社ECMまで出向いて、マンフレッド・アイヒャーに会いに行ったのだ。だけど会えなかったので、ECM

の社名の前で写真を撮って来たりしていた。そして2006年6月8日、野田悟朗の突然の悲報が津山の松岡さんから入った。その頃癒し系の妖しい団体の音楽の広報担当のような活動をしていた。何度か「辞めようかどうしようか」と私に相談もしてきていた。

ゴローさんの死亡の真相もわからないまま、京都の田舎の実家で密葬が行われたので、ソウルフルなオルガンを弾く「よろずやしずか」さんと2人でお線香を供えに伺った。無言で首を垂れ、肩を丸めたような父親の、やりきれない悲しみが鼻水と共に地面に垂れ下がっていた光景に、私も何のお悔やみの言葉も掛けることが出来なかった。その後、岡山のサンバンで野田悟朗の追悼ライブをした。大阪からもシタール奏者の田中峰彦さんが駆けつけてくれた。「気の向くままにいろいろな所へと放浪することは、音楽やアートを創り出すための糧になる」というようなことを、私は彼の生き様から教わったような気がする。合掌。

【内田修先生】

ドクター・ジャズこと内田修先生は、シャインの乗金さんとの縁《えにし》もあって、何かと岡山によく来られていた。そして、バードの岡崎さんのアルト・サックスをえらく気に入られて、バードでお酒を呑んでいた。先生の声掛けで、バードで宮沢昭さんのライブをしたことがある。私も、いつもご一緒させて頂き、日本のジャズの面白いエピソードを色々と聞かせて頂いた。

シャインの初代のアルバイトをしていた那須洋子さんが、ジャズバー「グルーヴィー」をオープンして間もない頃、乗金さんや岡本充泰さん、昔のシャインの仲間と内田先生を囲んで呑み会をした。その時、先生の隣の席にいた20歳そこそこの森下優子さんと内田先生はえらく話が盛り上がったようで、彼女が好きだという浅川マキを倉敷に呼んで来ることになった。

御園旅館というジャズが好きな女将がいる旅館があって、よくジャズライブを大広間で行っていた。私も、御園で渡辺香津美さんのライブの後、朝まで呑んだり、ヤヒロトモヒロ＝向井滋春＝山下洋輔の「八向山」の打ち上げやら色々と付き合いのある旅館だった。そこで、浅川マキさんと渋谷毅さんのデュオを先生がお膳立てしたのだ。

ライブ当日は、私もリハーサルから参加させて頂いた。渋谷さんとの音合わせの後、浅川マキさんは会場の大広間に敷いてある座布団を一枚一枚置き直していた。来て頂くお客さんの一人一人がステージが観えるようにとの心配りだ。無口で言葉少なく、オドオドしくしか喋らないが、彼女の誠実さが伝わってきた。「いい人だ」と優子さんも感激していた。

第1回目、2回目のおかやまJAZZフェスティバルに、内田先生はわざわざ愛知県の岡崎市から参加して下さった。招待券を用意して森下優子さんと迎えに行ったが、「私はタダでジャズの演奏は聴かないよ」と、いつも代金を支払って下さる。

そういえば、私に会うといつも学生時代にお世話になったというジャズのレコード屋さんの話をされる。当時は輸入のジャズ・レコードは贅沢品で、今と同じ3000円くらいだが普通のサラリーマンの給料の半月分くらいになる。学生でお金もなかったので、いつもツケで買っていた。卒業して仕事を始め、やっとツケを払い終わったら、そのレコード屋の主人は亡くなられた。内田先生は、ジャズのレコードは発売と同時に入手していたので、ブルーノートやインパルスのレコードもすべて原盤で持っておられる。日本のジャズメンたちが病気で入院すると、そのレコードを一日中聴いていたらしい。日本のジャズメンの面倒を見て、日本のジャズを育てて下さった素晴らしい人だ。この原稿を仕上げている最中、2016年12月11日、惜しくも87歳の生涯を閉じられた。合掌。

内橋和久＝おおたか静流、そして「いわとわけ音楽祭」が終わった

1999年5月18日に「EdSULLIVAN SHOW」というタイトルで、内橋和久さんとネッド・ローゼンバーグ、サム・ベネットのメンバーで、日米の即興ミーティングのライブをデスペラ

ードで行った。梅津さんとは違った、ギターの即興でクールなサウンドを紡いでゆく。前座に田中恵一さんの「Rrose Selavy/Celine」に出てもらった。神戸のFBI以来、内橋さんとも色々と縁があった。犬島での劇団「維新派」の公演でも、音楽監督で来られていた。

内橋さんの独特の間合いのギターが、ヴォーカルにも合うのかウーア（ＵＡ）の音楽監督も務めていて、ＵＡの岡山コンサートでも菊地成孔さん等と一緒に来ていた。菊地さんは、ティポグラフィカで、昔ペパーランドに呼んだことがある。そして２００２年には、おおたか静流さんとMO:GLAでデュオライブをしてもらった。その翌年は、「渋さ知らズ」のメンバーとして「いわとわけ音楽祭」に出演して頂いた。そして、オランダのフリージャズ・サックスのウィレム・ブロイカー（Willem Breuker Kollektief）率いるビッグ・バンドを引っ張って来た。

おおたか静流、内橋和久＝MO:GLA

シーツ・オブ・ミュージックのスタッフに参加して頂いた蔭涼寺の副（今は住職）住職の篠原真祐さんがお寺でジャズや音楽のイベントをし始めた頃にウィレム・ブロイカーのライブを受けて頂き、前代未聞のフリージャズのライブが開催された。しかし当日、私は急に仕事が入ってしまい、お寺に戻った時は最後の演奏が始まっており、殆ど聴けなかった。

翌日、内橋さんが運営していた大阪の「BRIDGE」というライブ・スペースまでウィレム・ブロイカーを聴きに行った。ところが、帰ろうとすると、車を駐めた駐車場が判らなくなって3時間程天王寺あたりを彷徨って、朝方ヘロヘロになって岡山に帰ってきた想い出がある。そして、内橋さんには再度、おおたか静流さんと「いわとわけ音楽祭」に出てもらうことになる。

おおたか静流さんとレディオモモ収録

おおたか静流さんとは、MO:GLAのライブから後、様々な形でお会いすることとなる。私が隔週DJを務めていた岡山のコミュニティFMレディオモモの「サニーサイド・ストリート・サウンド・ステーション」の番組に出演して頂いた。新作のアルバム「In a Silent Flow」の紹介を中心にトークした。飛岡医院の飛岡宏先生もおおたかさんのファンで、レディオモモのスタジオまで付き合ってもらい、その後の会食では大いに盛り上がった。
「In a Silent Flow」に程農化さんという二胡の奏者との演奏が実に艶っぽい音色で入っている。程さんは二胡を日本に紹介した中国人で、即興でどんなメロディーでも弾いてしまう。というか、楽譜がなくても思うままに弾けると言った方が良いかも知れない。チェンミン等の師匠である。

私は、東洋のルーツを持った新しい音楽を探していた。おおたかさんの音楽はまさにそれであり、程さんが実際どんなミュージシャンで、どんな演奏をするのか確かめに東京まで出向いたことがある。そして、おおたかさんと程さんのデュオ・コンサートを岡山のオリエント美術館で行うことにした。実は、岡山の「林原」が程さんを企業メセナとして応援していたらしい。程さんは前ノリで岡山に来られ、林原に寄ったようだった。

コンサートは正に新しい東洋のスピリチュアルな内容だった。程さんは、気さくで人の良さそうな酒呑みだった。姜泰煥さんと似た雰囲気があった。

蔭凉寺の篠原さんはパーカッションの山口ともさんと親交が深く、山口さんとおおたか静流さん、梅津さんのトリオのライブを蔭凉寺で企画したり、黒田京子さんとおおたかさん、梅津さんのトリオでもライブを行った。その後、おおたかさんは蔭凉寺でのライブを幾度か行っている。

黒田京子さんとは、MAIMAIというパン工房のカフェでも共演している。おおたかさんは梅津さんの「こまっちゃクレズマー」にも入っていて、カフェ「サウダーヂ」に「こまっちゃクレズマー」でも来たことがある。

２０１０年、岡山リビング新聞社の伊藤公一さんが、今年は女性ミュージシャンのコンサートを企画したいと相談に来られた。酒井俊さんとカルメン・マキさん、大西ユカリさん、おおたか静流さんと4つのコンサートを企画することとなった。伊藤さんは同新聞社のお偉いさんで、ネクタイを締めてはいるがアウトロー的サラリーマンだ。コマンドによく出入りしている。弟さんは即興のチェロ奏者、坂本弘道さんだ。おおたかさんは、内橋さんと一緒に広島のオーティスの佐伯さんグループと合流してエスニックなライブをジーンズショップ・ジョンブルのホールで行った。また彼らとノルウェーのオーロラ・コンサートにも出演している。

翌日、「いわとわけ音楽祭」に出演して頂いた。竹本さんと佐伯さんは知り合いだったので、場が和んだ。最後の岩戸が開いて、中から天照大神に扮したおおたか静流さんが出てくる下りでは、「幻白会」のみんなが踊り出し、出演ミュージシャンもみんなが演奏に加わり、子供たちも夜が遅くなったにもかかわらずはしゃぎ回っていた。小雨が降り出す。すると、おおたかさんに何か降りてきたのか、即興で「いわとわけ」の歌を歌い出した。神社全体が神懸かり的な雰囲気に包まれて、祭りは最高潮に達した。「私がやりたかった「いわとわけ音楽祭」はこれなのだ」と思った。心身共に私の最後のイベントであった。

おおたかさんと車で移動している時、「人間の感情の喜怒哀楽は実は遺伝子、ＤＮＡの記憶なんですねぇ」と私が言うと、「私の声帯は現代人のそれではなく、縄文人の声帯に近いらしいのよ。だから私は原始女なのよ」と、おおたかさん。「そうですか。私はe-mailをe-maleと間違えてタイプしてからネットのハンドルネームは『電子男』なんですよ」と、答えた。

その後、「いわとわけ音楽祭」は、なし崩し的に終わった。私も、もう力尽きたのだ。そして宮司の高須謙二さんは2014年11月、体調を崩し、若くして急逝された。今は、お母さんの高須理江さんが神職を継いでおられる。私も、たまに手を合わせに立ち寄っている。

Yambow JAZZ 徒然

あとの祭りのあと

9月6日、「いわとわけ音楽祭」なるものが大供の石門別神社で行われました。雑用係で参加した私は、右往左往するばかりで、ゆっくりと座ってビールを飲んで観てる暇もありません。「横着者の節句働き」というヤツです。河村祐一の率いるビートの利いたソウルフードを皮切りに、祭りが始まります。秘宝館昇天堂一座の踊りは、神社という場のなかで、妙にマッチングしてみんなを盛り上げてゆきました。福岡からは、内田バンドが駆けつけて、そつのないジャズでグルーブします。演奏のほかにも、内田パパのPAはこのイベントの要でした。上京して活躍している児島さなえさんとベースの鳥越啓介君を中心とした岡山産ジャズ・ファンクバンドも、地方の音楽シーンにしては見応えのあるバンドでした。高松からも、岡部春彦さんがバリ島の楽器とサックスを持って参加してくれました。モモタロウこと赤田晃一君は鳴り物でもって、終始賑やかしの先導役です。トリは、梅津和時のこまっちゃクレズマーです。クレズマーというユダヤの伝統音楽を梅津さん得意のお祭りサウンドで、みんなを最後の最後まで盛り上げてくれました。結構たくさんの人が参ってくれたようです。天候のほうも20％降水確率で最後まで降らず、9月にしては涼しく快適な天候だったのが幸いでした。神社の境内の中で夜の10時頃まで祭りの余韻が続きました。神様がどのように思われたかは分かりませんが、高須宮司さんがたいそう喜ばれていたのがなによりです。

神社仏閣というのは元来、人の「おもい」が集まる所なのでしょう。宮司さんが、「神社はとりあえず人がたくさん寄って頂ければ、神様もお喜びになられるのです」といわれたその言葉に、「まつり」や「儀式」の発祥に想いを馳せてしまいました。音楽や舞踏にかくれた人間が本来持っているシャーマニズムへの渇望、つまり巫女を介しての集団トランス状態への無意識下での欲求とでもいうべきものが、人間の大衆心理の中にあるような気がします。音楽と踊りは、ありとあらゆる宗教儀式に見られるようですが、どちらが先にあったかは私には解りません。しかし、人間社会の精神活動の中で音楽や踊りは大きな要素を占めているのではないでしょうか。コンサートやクラブ、ミュージカル、ジャズダンス、現代舞踏、そして古くは、クラシックのオペラやバレエなどは、宗教性から離れたところで確実に発展しています。

現代物理の念願の夢、大統一理論への有力候補スーパーストリング理論（超ひも理論）によると、すべての素粒子は10のマイナス33乗センチの閉じたひも状の振動で創られるそうです。つまり宇宙のすべての物質はそのスーパーストリングスの奏でる振動で出来ていて、その振動が曼陀羅のように幾重にも重なり合いながら、事象や現象を造り上げているのです。人間の精神は、いや、人間に限らず生き物の「こころ」は、そのあらゆる振動に対するアンテナみたいなもので、宇宙のサイバネティック的なフィードバックとして存在しているのかも知れません。いい音楽には、気持ちや身体が昂揚します。みんないい顔になります。何を以て「いい悪い」を人間が判断しているのか解りませんが、多分、神様にとってはいいのではないでしょうか。

その夜、興奮さめやらぬ私は、宴の続きを夢見てしまいました。なぜか宴会の場がお寺で、お堂の中で賑やかにしておりました。お堂の隅に土が盛ってあり、なにやら縁の下を掘り起こした跡がありました。その中を覗いてみますと、不気味な穴が開いております。その穴から妙なモノがフワフワと出たり入ったりしていまして、そのうち、中から人が出てきました。なんとよく見ると勝新太郎ではないですか。勝新は、なんのためらいもなくみんなと酒を呑んで宴に参加してきました。私は妙に醒めたふうに「この穴は、黄泉の穴なんだ」と思いながら、ふと勝新の後ろ頭を見ると、バーコードが付いていました。勝新はそのうちまた穴の中へと帰ってゆきました。後に座頭市の草履を片方脱ぎ忘れていて、なぜかそれを手にした私は、「お?、これは夢じゃなかったのだ」などと、夢の中で感激していました。しかし、あの後ろ頭のバーコードは何だったのでしょうか?

（98・9・14）

VIII

それからの

DJナオが居候

私は、LPコーナーから独立して表町に「平井音楽庵・十六夜（IZAJOY）」というレコード店を出した。そして倉庫として近くのうどん屋のビルを「喜八」さんと共同で借りていた。するとひょっこりナオが現れて、彼女と別れてしまって住む所がないからビルの倉庫に2、3カ月住まわして欲しいと泣きついてきた。結局、居候としてそのまま4年ほど居着いてしまった。私も商売に行き詰まって、うどん屋を始めたものの上手く行かず最終的にビルを出るまで、ナオは私の傍に居た。

その当時、LPやCDをオークションで売っていて、Rrose Selavy/Celineの田中恵一さんと、岡山出身で東京でDJをしていた鈴木健太郎さん（ナオの弟子）がビルの2階でオークションの作業を手伝ってくれていた。

ビルを出た後、ナオはお姉さんの所へ戻った。

ナオと別れて3年程経ったころ街中で出会った。肝臓が悪くて、入退院を繰り返しているようだった。昔、「僕は大丈夫だから、平井さん頑張れヨ」と言っていたナオは、体がむくみ覇気が無くなっていた。何度か青江の「ぽかぽか温泉」に連れて行った。一度、渡辺先生に相談して何とか出来ないものかと思っていた矢先、２０１１年12月16日あっちの世界に逝ってしまった。享年54。私はちょうど渡辺医院の忘年会で、その日に限って携帯をロッカーに忘れていた。翌朝、鈴木ケンちゃんからナオの訃報が携帯に入っていた。猫のようなヤツだった。気が向いた時だけゴロゴロと喉を鳴らして寄って来る。しかし今から思えば「癒し」の気質があったのか、私の苦しかった時期を和ませてくれた。私も渡辺医院で働いていなかったら、今頃ベッドの上か空の上だ。

昔から猫は主人の代わりに死ぬという。そうだったのだろうか。タカお姉さんは今はアメリカに行ってしまっているので、マモさんや私がたまにナオの墓参りに行っている。

ナオはスティービー・ワンダーが日本に来た時、酒も呑めないくせに打ち上げに参加したらしい。うどん屋のビルの３階で、２人で昆布出汁だけの湯豆腐を酢醤油で食べた。「平井さん、美味しいね」と美味しそうに豆腐を頬ばっていた情景をたまに思い出す。

DJナオ

コジマサナエさんのその後

1999年、コジマサナエさんは鳥越啓介さんとのデヴィットホールでのコンサートの後、ジャズの新天地を求め上京した。「はな向けにCDを作ろう」ということになり、みんなで資金を募り「コジマサナエ／ジャングルノ都」というデビューCDを作った。岡大附属中学校の同窓会やあいさわ一郎代議士、故佐藤真治県会議員等にも協力頂いた。ゲストとしてギタリストの鬼怒無月さんに入ってもらい、なかにし隆(p.)、和田啓(perc.)、鳥越啓介(b.)、猪狩裕之(vo.)というメンバーでのレコーディングだった。レーベルは「十六夜」で、ジャケットのイラストはユカぞうこと清水由佳さんが制作した。レコーディングは横浜のスタジオで行い、私も立ち会った。ジャズ有り、ソウル有り、ボサノバ、ポップスと当時の彼女を隈なく表現したアルバ

コジマサナエ「ジャングルノ都」
IZAJOY1999

ムだった。

しかし、その後ギタリストの廣木光一さんと出会い、カントリーシンガーのトミ藤山さんを紹介された。そして彼女から、ヴォイストレーニングを受けてもっと上手くなった。2003年、彼女は単身ニューヨークに行ってしまったのだ。ニューヨークでは、今は亡きラテンパーカッションのモンゴ・サンタマリアとセッションしたり、ネイティブ・インディアンと交流したり、刑務所の慰問コンサートの仕事やアパレルのプライベート・ブランドを立ち上げたりと、忙しくしていたようだ。いつも思うのだが、彼女のバイタリティには脱帽する。そして、5年前に家の事情で岡山に帰ってきた。

岡山でプロのヴォーカリストとして生活するのは至難の業ではあるが、ジャズだけでなくヴォーカル教室を開いて若いヴォーカリストの育成や、地域興しのイベントなどにも協力して岡山を元気にしている。渡辺医院の令子先生も彼女の教室でジャズヴォーカルを習っている。ニューヨークでは、ミュージック・セラピーの博士課程でも勉強していたようだったので、渡辺医院の通所施設での音楽療法にも協力して頂いている。2014年、「Unconditional Love」というアルバムを安ヵ川大樹さんのレーベル、DAIKI MUSICAより発表した。廣木光一(g.)、安ヵ川大樹(b.)というトリオ演奏。ゆったりと落ち着いたヴォーカル・アルバムだ。

鳥越啓介さんは、「PHAT」というバンドでクラブジャズの若い世代のジャズファンの人気をつかんだ。その後、木住野佳子さんのトリオや、「Salle Gaveau」という前衛タンゴのグループ、葉加瀬太郎さんのグループ、椎名林檎さんのバックと、今や若手では注目のベーシストだ。リオのオリンピックでも、椎名林檎さんが彼の曲を使っている。去年は蔭凉寺で鬼怒無月さんや田中信正さんらとコンサートを行った。年に何度か、岡山でライブをしているが、聴くたびに凄くなってきている。

乗金さんのこと

乗金健郎さんはシャインを閉めた後、倉敷の珈琲館でタバコを燻らせながらマスターをしていた。私もたまに家族を連れて伺ったりした。マスターはヴォーカルが好きでジャズ喫茶「シャイン」もフランキー・レインの曲「シャイン」から命名していた。だから、珈琲館にもペギー・リーの「ブラック・コーヒー」のオリジナル10インチ盤やら、ジョニ・ジェイムスのＬＰを飾っていた。しかし店内では音楽は流していない。

珈琲館のママ、芳子さんは品のある御婦人だが仕事には厳格な人で、いつも焙煎室で豆を煎っていた。一度、ヨーヨー・マが「旅館くらしき」(芳子さんは旅館くらしきの長女)に泊まって、朝、プライベート演奏を披露してくれたそうだ。それ以来、芳子さんは感動のあまりチェロの稽古を始められた。

乗金さんは趣味人で、「コーヒーソング20」という本を出版したり、俳句を朝日新聞の俳壇に投稿し、よく入選していた。入選すると、いつも店にファックスが届いた。自費出版で「芥子の花」という句集も出していた。実は美空ひばりの大ファンで、一度倉敷のご自宅で「ひばりを偲ぶ会」をしたことがある。奥さんの芳子さんや義理の弟さん、小野正雄さん等が集まって酔狂な宴をした。乗金さんはお酒は呑まないが、かぶいた衣装で楽しそうにマイクを持っていた。それから、1997年のボブ・ディランの倉敷公演も乗金さんと観に行った。

その後何度か入退院を繰り返し、2009年9月、自宅で帰らぬ人となってしまった。最期まで、芳子さんのことを慕っていたのか、亡くなる1週間前も電話で「明日、芳子さんに会うから」と電話口の向こうで嬉しそうに話していた。遺

「ひばりを偲ぶ会」で浮かれる乗金さん

骨は岡山のお兄さん乗金弘昌さんが引き取った。私もたまに手を合わせに昔の野田屋町のシャインだったお兄さんのビルに寄る。年に1度程、昔のシャインの仲間とグルーヴィで「乗金マスターを偲ぶ会」を開いている。小野正雄さん、田中敏博さん、永松伸さん、高谷誠さん、土橋光雄さん、ママの那須洋子さんたちと。そして発起人だった内田一敏さんも２０１６年６月、ガンのため、乗金さんの元へと旅立たれた。合掌。

岡崎さんのこと

２００９年12月28日、私はバードに久々に寄った。岡崎直樹マスターは体調が悪く、その年はマスターとは会っていなかった。その日はちょうど店に出て来ていて、久し振りに会うことが出来た。酸素吸入器を付けて、カウンターの端に座っていた。私も店を閉めて渡辺医院に勤務していたので、もう昔のようにアルコールを飲むこともなく、ソフトドリンクで小一時間ほど四方山話をして、お互い無事を確認し合った。私は翌日は仕事なので、11時頃にはバードを後にした。

バードを出ると同時くらいに、お袋の悲報が携帯電話から伝わってきた。夜中、近所の路地で心臓発作を起こし、日赤病院に運ばれたが手当ての甲斐もなく息を引き取ったのだった。お袋の弔いが醒めやらぬうちに、翌年1月13日、岡崎さんも亡くなられた。お通夜で、妹さんの裕美さんが「平井さんは、兄と同じ同志だったからね。よう顔を見てやって」と、棺に案内された。「ジャズの同志か」と、苦笑いしながらも目頭を熱くしてマスターとお別れした。

昔バードで、客が私しか居なくて、いつものジャズマシーンの演奏をせずに岡崎さんとジャズ談義をしたことがあった。岡崎さんは、ビ・バップのアルトサックスの演奏ばかりかと思っていたが、フリージャズも演っていたらしい。エリック・ドルフィーの「メモリアル・アルバム」を引っ張り出してきて、「この最後のソロ演奏が凄いから」と、レコードを掛けてくれた。ドルフィーの「ラスト・デイト」がヨーロッパ・フリージャズの先がけだと思っていたが、4年以上も前に、もうそれ以上の演奏をしていたのだ。そんなドルフィーが好きなマスターとは、同じような価値観でジャズを話し合うことが出来た。

そういえば、私が店を閉めてもネットで、ヨーロッパの無名のジャズマンの演奏を聴き込んでいた。マスターが演奏に乗っている時は、延々とアドリブを吹きまくる。正にサックスの偉大なインプロヴァイザーだった。岡崎さんのバードでの演奏がテープで残っていて、その演奏を新田吉秀さんがデジタル変換してCDに焼いている。今更に素晴らしい演奏だ。なんとか正規のCDとして発売したいものである。岡山のジャズの遺産として……。

２０１０年は、前年の西藤嘉樹さんの悲報から始まって、乗金健郎さん、そして岡崎直樹さんと、私の中のジャズの時代が音を立てて崩れていった年でもあった。

岡山の愛すべき演奏家

俺らはドラマーの「とらさん」こと山口寅夫さん。サンバンの竹本洋朗さんのドラムの師匠だ。一見、肉体労働者のおっさんか酔っぱらいの不良じいさんにしか見えない人だが、竹本さんの結婚式の時に飛び入りでコンガを叩いた。その音はホンモノの音が出ている。東山の奥市のグラウンドの入り口でメシ屋か喫茶店か判らないような店を開いていた。ドラムや楽器、スピーカー、テレビなど店の外に放り出しているが、ちゃんと音は出る。無茶苦茶な人だが、いざ音楽のこととなるとタダ者ではなくなる。若い頃、東京に出て某有名バンドでドラムを叩いていた。食べてゆくためにストリップ劇場でストリッパーの踊りに合わせてドラムを叩いていたという。正にジャズマンそのものだ。i-padでYouTubeのカウント・ベイシーの動画をスティック片手に見入っている。かと思えば、発達障害の子供にドラムを教えてたりする。どんな偉い人であろうと、とらさんのドラムには脱帽する。もう70歳に手が届く高齢者だが、いつまでも破天荒に音楽を演っていて欲しいものだ。

安田久美子さんのお父さんは、実は岡山県警の音楽隊の楽隊長だった。安田正彦さんは、白髪の昔ながらの音楽屋で、何度か一緒に呑んだ。音楽や下世話な話で盛り上がった。もうその頃は、引退されていて「ハーモニカおじさん」として色々な福祉施設や町おこしのイベントに呼ばれては、ボランティアでハーモニカを吹いていた。戦後、「音楽でメシを食べるにはどうしたらいいだろうか」と、バンド仲間と考えたあげく、県警の音楽隊に応募して入ったのだそうだ。呑んでいる時に手帳を出して、私に見せた。「もうすぐ、私のハーモニカの演奏会が1000回になるのだよ」と、自慢そうに微笑んでいた。「音楽の演奏家としてこんな生き方もあるのだ」と、感心した。根っから音楽好きなのだ。そんな安田さんが好きだった。しかし2000年1月に、音楽の女神の元へと召された。合掌。

あとがき

２０１５年11月の土曜日の夜９時頃、私はいつものようにジャズ喫茶「JORDAN（ジョーダン）」にコーヒーとジャズを楽しみに寄った。最近は仕事があるので、お酒を呑みながらのジャズバーにはもう寄ることはなくなっていた。「ジャズ喫茶」と名乗っている店も、岡山にはほとんどなくなっている。２０１２年５月にオープンした「JORDAN」は、古川三郎さんという初老の物静かなマスターがカウンターの中で、にこやかに客を待っている。10坪程の店内は、４つのカウンター席と12のテーブル席で15人も入るとほぼ満席の感となるが、大概２～３人の客しかいない。３０００枚程のジャズレコードとＣＤ、ウィスキーボトルが並んだカウンターで、真空管アンプとマイルドで聴き疲れしないサウンドのステントリアンのスピーカー、そして美味しいコーヒーがあれば、昔のジャズの世界に戻って行く。私の週１回の安らぐ時間だった。ちなみに「JORDAN」はデューク・ジョーダンから拝借した店名だ。

その日は、昔よくジャズのイベントや店のチラシの作成を手伝ってくれていた菅野恵美さんと、田中社長ことジュエリー・タナカの社長、田中茂敬さんがカウンター席に来られていた。ここに来れば、昔のお客さんや岡山のジャズマンによく会う。ジャズ談義に花が咲く。田中社長はジャズファンだが、アーマッド・ジャマルから、アメリカンジャズの根っこであるソウルミュージックにはまっていた。カーティス・メイフィールドや、デルフォニックス、ボビー・ウーマック、リロイ・ハトソン、ジョニー・ブリストル、ウィリアム・デヴォーン、チャカ・カーン、マリーナ・ショウ、ランディ・クロフォード、アニタ・ベイカー等々、ディープなソウルに会話が弾む紳士な音楽ファンだ。

「平井さん、貴方の岡山のジャズ歴を本にしましょうよ」と、マスターと3人で私に話しかけてきた。「そうですね。面白いことは人一倍してきましたからねぇ」と、冗談半分に返事をして、その夜は昔話に盛り上がった。しかし、話はそれからどんどんと進んでいたようで、年が明け、菅野さんから「今

ジャズ喫茶「JORDAN」にて田中社長と(2016年)

度、吉備人出版の山川さんを紹介するからJORDANで会いましょう」という連絡が入った。山川隆之さんとは、以前お会いしたことがあったのか面識はあった。そして上梓に向けての賛助金も集まってきている。［面白いことは人一倍してきたが、無茶苦茶なことも人一倍してきたからなぁ。何をどのように書いたものか？］。ダモクレスの剣を突きつけられた現実に直面した。

平井音楽庵・十六夜（IZAJOY）を閉店して、倉庫として借りていたビルの1階で「うどん屋」を始めた。大家さんの好意もあって、機材は揃っていた。しかし、本格的な飲食業の経験もない素人に上手く経営出来る筈もない。2年もしないうちに店を閉め、DJのナオと猫のメチャ一家を従えて、難民となった。高原勇喜さんの別宅へ一時避難させてもらって、ナオは姉のタカさんのアパートへと戻って行った。私は猫を連れてサンバン・スタジオに居候の身となった。

今から思えば十六夜を閉めてからの私は、心身共に堕ちていた。ナオも霊感が強いのか妙な感性があって、よく霊の話をしていた。特に病院に入院していた頃にはその傾向が強くなっていた。私もそれに近い感覚があったのか、その頃は白昼夢のような奇妙な体験に遭遇していたものだ。あちらの世界に近づいていたのかもしれない。そんな憂愁に閉ざされた世界でブラブラしている時、同級生の落弘康夫婦と渡辺淳一先生に出会ったのだ。落さんの経営する元祖岡山ラーメンの「すわき後楽中華そば」でバイトを始めた。そしてLPコーナー、十六夜とずっとジャズのレコードやCDを買って下さって、ジャズコンサートのスポンサーにもなって頂いていた渡辺先生からも誘われて、渡辺医院のヘルパーとして勤めることとなった。二足のワラジも長く続くわけもなく、1年後にはヘルパー1本に絞り、アパートを借りて8年余り、今に至るわけだ。医療関係の仕事などとは無縁だったにもかかわらず、仕事の機会を与えて頂いた渡辺院長には、ことさら感謝に堪えない思いである。

渡辺医院では従業員の健康管理に厳しく、私は高血圧に高脂血症、40代の頃からの痛風、脂肪肝などと複数の生活習慣病を抱えていたので、月に1回の受診が義務づけられた。30代の頃から気になっていた無呼吸症候群の検査も受けたところ、重症の診断が下った。それからはCPAPという睡眠中、空気圧を掛けて呼吸を促進する装置を装着する治療を続けている。就寝中、うっとうしいのだろうか無意識のうちに外していることがしばしばあるが、CPAPをすることによって慢性化していた鼻詰まりも治ったようで、体調がすこぶる良くなってきている。60歳までに死亡したら、保険金がたくさん入る予定だったが、60歳を越えても生きているので保険は解約した。お蔭様で、まだまだ生きてゆけそうだ。

院長は仕事には厳しいが、ジャズやボサノバが好きで、昔のジャズ喫茶「イリミテ」の常連さんであった。仕事以外ではことあるごとにジャズでご一緒している。ジャズ以外にも映画、落語、絵画と多趣味である。奥さんの令子さんも歌が上手く、サナエさんのジャズヴォーカル教室に通っておられる。私の両親は、親孝行をする間もなくあの世に旅立ってしまったので、親孝行のつもりで日々のお年寄りの面倒を看ることに努めている次第だ。2016年には次男の一史が結婚して、孫が産まれた。平井家では初孫で、女の子の誕生でもある。あわてふためく爺さんになってしまった。そういえば最近は、あまり奇妙な体験はしなくなったようだ。

私が、岡山の音楽界の第一線から遠ざかってからも岡山の音楽の店やイベントは、益々盛んになってきているようで、喜ばしい限りだ。今村宮の近くに「SOHO」というジャズのライブハウスが出来た。小島さんの代のシャインのお客さんで、歯科医でドラマーの岡崎章男さんが経営している。奥さんもジャズヴォーカルのファンでちょっとしたコレクターだ。国内外の著名なミュージシャンのライブや地元のミュージシャンのライブ・セッションを週末に開催している。

美容師でトランペッターの新宅巧治郎さんは、問屋町の卸センターにある自身の美容室「hair attic(ヘアーアティック)」をライブスペースとして、ジャズライブを行っている。中央町の蔭涼寺の住職の篠原真祐さんは、グランドピアノとPA機材を揃えてお寺をミニ・コンサートスペースに開放している。コリン・ヴァロン・トリオ、アカ・セカ・トリオ、アンドレ・メマーリ、ウォルター・ラング、高瀬アキ、坂田明、板橋文夫、ジム・オルーク等、世界的に活躍しているジャズやクリエイティブなミュージシャンたちがジャンルを問わずコンサートを行っている。音響が素晴らしいので、海外のミュージシャンにも話題となっているようだ。

また、中山下にはジャズのライブバーとして「インターリュード」という店がある。岡山のジャズヴォーカルのゴッドマザーこと丸岡紀里江さんが経営しており、ハウスピアニストに松本加代子さんが入っている。木住野佳子さんや吉岡秀晃さん等、著名なミュージシャンもライブを行っている。川崎病院の傍にあるサックスの土橋光雄さんのジャズ・バー「Adagio」でも藤井雅紀さんとライブをしている。柳町のヴォーカリスト小野ハンナさんのジャズバー「Just In Time」、内山下の「モズ・パート2」も、ジャズライブの店だ。牛窓では、ジミー・スコットのコンサートで翻訳など手伝ってくれた小林宏志&テレサ夫婦が、「てれやカフェ」という古民家を改装したアーティスティックなスペースで、様々なジャンルのライブを開催している。倉敷には中川真由美さんという上品な女性が親子で経営しているカフェ&ギャラリー「Penny Lane」という店が、上質な音楽のライブ・コンサートを頻繁に催している。

そしてジャズ喫茶「JORDAN」では、「ジャズ講座」と題してモダンジャズ、ジャズヴォーカルや日本のジャズ史等々、テーマを決めたジャズのイベントを毎月1回定期的に開催。講師のミュージシャンによる解説やライブ演奏、RSK（山陽放送）の元音楽プロデューサー河田兼良さんの解説による映画のジャズ鑑賞会など、毎回ユニークな企画で満員となる。イベントの時はテーブルを片付けて、補助椅子も出すので20人以上の集客となる。私と故内田一敏さん、那須洋子さんによる「ジャズ喫茶シャインの想い出」というジャズ講座も行った。内田さんは乗金さんと「シャイン」のオープン当時からの友人で、ジャズバー「GROOVY」のママ那須さんはシャインの初代ウエイトレスだった。懐かしい知人がたくさん集まってくれた。その場で、私のこの本の上梓を公表して新聞にも掲載された。もともと、マスターの古川さんは山陽新聞社のOBなので、マスメディアにも顔が効く。私は赤面の想いで、みんなの気持ちを受け止めることとなった。

「JORDAN」では、ジャズ講座以外にも地元や中央のジャズミュージシャンたちのライブを行っている。ジャズヴォーカルのコジマサナエさん、SHOKOさん、矢野啓三郎さん、藤原和泉さん、末元紀子さん、遠藤マリさん、武田知子さん、山口葵さん、

ZaZaさん、阿吹貴美恵さん、中野江里子さん、河村恭子さん、丸岡紀里江さん、HIROKO KANNAさん。ギタリストの荒木博司さん、フェリーペ中村さん、山本俊さん、大野こうじさん、門田信さん、箕作元総さん、川瀬眞司さん、山本佳史さん、水島望さん、藤原浩史さん、井上知樹さん、藤原弘達さん、徳田昇さん。ピアニストの藤井雅紀さん、占部貴大さん、松本加代子さん、山本ヒロユキさん、中山瞳さん、及部恭子さん、東誠太郎さん、安井みちるさん、入江美佐さん、角堂りえさん、青柳誠さん、渡辺志穂さん、森美和子さん、栗田敬子さん、安井さち子さん、なかにし隆さん、秋山文緒さん、赤田美由紀さん、山崎久美子さん、鳥岡香里さん、志水愛さん、小場真由美さん、真嶋美穂さん、笹木収さん、延崎亮さん、安芸久美子さん、野田純希さん、増田実裕さん。トランペッターの新宅巧治郎さん、スコット・チャドウィックさん、三村勝則さん。ベーシストの皆木秀樹さん、鳴瀬正邦さん、赤堀嘉美さん、伊予平さん、中村尚美さん、明人さん、藤野敦司さん、佐藤ヤスオさん、近藤宏生さん、奥村テツロウさん、神田政隆さん、中野力さん。サックスの土橋光雄さん、藤井政美さん、井本和巳さん、入江修さん、赤田晃一さん、影山哲人さん、米倉孝さん、伊達妙子さん。フルートの吾郷アキコさん。バンドネオンの生島大輔さん。バイオリンの悠情さん。パーカッションの石部友弘さん。ドラマーの黒田敦司さん、竹本洋朗さん。

尺八の岸本寿男さん。アコーディオンのTacaさん等、地方のジャズミュージシャンたちがほぼ出演している。中央のジャズマンも大井貴司さん、安ヵ川大樹さん、高橋知己さん、工藤隆さん、守屋純子さん、白土幾美さん、上西千波さん、堀まゆみさん、山下弘治さん、菅野義孝さん、嶋津健一さん、アンディ・ウルフさん、鈴木よしひさささん、石田衛さん、田窪寛之さん、関将さん等々と岡山からのジャズ文化の発信源ともなっている。

トイレに入ると、JORDANの各ライブの集合写真が所狭しと張ってあるので、ついつい籠もって見入ってしまう。加えて、幸町にある米澤登志子さんの喫茶「もじゃち」や西大寺町の井口和子さんの喫茶「壱番館」、新西大寺町のバー「Second Simpson」、シルヴィアのラティーノ・バー「Cafe&Dining Dindi」、藤崎の田んぼの中の「絵本のなや」など、普通の喫茶店やバーでもジャズや音楽ライブを定期的に行う店が増えてきた。ジャズではないが織音のりさんの「the ORiON」というライブバーも、のりさんの弾き語りやギターの弾き語りのミュージシャンたちが夜な夜なライブで盛り上がる。番町のライブ会場「Ark」や津山の森田英俊さんの「ライブ&ギャラリー地味庵」などのライブ・スペースも出来ている。

昔からの店も健在で、ライブハウス「バード」は亡き岡崎さんの後を継いで、ギタリストの堀口利明さんが頑張っている。倉敷では「アヴェニュウ」が倉敷ジャズストリートやジャズシーンの中心的存在だ。ジャズバー「サムシング」はツウさんの元へ、酔狂なジャズファンが集っている。岡山のジャズバー「グルーヴィ」は、那須洋子ママが、美味しいお酒と楽しい会話でジャズファンを掴んでいる。実はこの店には、乗金さんの遺品でドラマーの富樫雅彦さんが描いた山岳の絵が飾ってある。シャープに澄んだ山の空気が醸す、畏れ多い自然の力を描き込んでいる。「デスペラード」は表町商店街の中に新たな店を構えて、今でも岡山っ子の音楽文化の一翼を担っている。「MO:GLA」のマスター福武三二さんは、高齢にもかかわらず、不良爺さんとなって息子の世史記さんとバンドを組んで、格好いい岡山の音楽をやっている。中央からもそこそこのミュージシャンたちが個人的に立ち寄っているようだ。

千日前の佐藤修さんのブルブルこと「BLUE BLUES」は、ロカビリーからフォーク、ジャズとユニークな音楽性が売りのライブハウスだ。オランダ通りの「コマンド」の秋田直哉さんは音楽の仙人と化している。店内は所狭しとレコードやCD、音楽雑誌が山積みとなっているが、妖しい音楽ファンやバンドマンたちが夜な夜な集う。その隣の「イマージュ」は、ロックンロールのハコとして、若い男女がよく長い列を作っている。バーの方では、カウンター越しに高倉陽子ママが昔と変わりなく愛想よく相手をしてくれる。そして、岡大前の「ペパーランド」も、若いバンドの子たちや私たちのようなオヤジまで、多世代にわたった個性的な人たちが店の前でたむろしながら、ライブを聴きに待っている。今でも奥さんの能勢慶子さんが受付でもぎりをしている。元「シャイン」の近くにあるジャズバー「ピアノバー」もライブを行い、マスターは三代目の安井寛倫さんだ。城下交差点近くの「サウダーヂな夜」の森山幸治さんは市会議員になって、政治活動のかたわら音楽を中心とした新しい世代の文化活動を精力的に手掛けている。「サウダーヂな夜」の1階の「城下公会堂」というライブ・カフェも、ジャズを含めた新世代の音楽家たちのライブを熱心に開催している。旧内山下小学校跡も、「マチノブンカサイ」と題して音楽やアート、フリーマーケットのイベントで街おこしに活用されている。旧日銀岡山支店跡の「ルネスホール」の中にある「公文庫カフェ」の女性主人、安田久美子さんも若い人たちのイノベイター的存在で、音楽やアートのイベントをプロデュースしている。津山のジャズ喫茶の老舗「邪美館」も健在だ。ジャズバーの老舗「アナクレオン」は、閉店して数年になる。岡山表町の「スイング」は健在で、たまにジャズライブをしている。

岡山のジャズ人口もかなり増えてきて、今や中学校や高校の吹奏楽部でもジャズを演っている。良いことである。ジャズミュージシャンを目指す演奏家も、私たちがジャズを聴き始めた時代からは想像もつかないくらい多くなった。地元に帰って来たプロ・ミュージシャンとしては、ギタリストの荒木博司さんが精力的に演奏活動を展開。そしてコジマサナエさんは、実家の都合でニューヨークから岡山へ帰って来て、ライブやワークショップ、ヴォーカル教室など、幅広く音楽活動を再開している。ニューヨークでミュージック・セラピーの学位も取得しているので、彼女は音楽のさらなる可能性に挑戦している。逆に及部恭子さんは、ニューヨークに行ってジャズピアノで世界に挑戦。年に1度、凱旋コンサート・ツアーで全国を回って岡山に帰って来る。

藤原憲一さんは、ルネスホールを中心にNPO法人のエマノン・ミュージックを立ち上げて、テッド・ローゼンタール・トリオをアメリカより招聘したり、高砂高校ジャズバンドのスチューデント・ジャズ・コンサートの定期開催や有名ミュージシャンのコンサートをプロデュースするなど精力的に活動していたが、惜しくも今年（2017年）3月亡くなられた。40年来の知人でもあった。黙祷。嶋岡民樹さんも音楽プロデューサーとして、ジャズや様々な音楽を岡山に広めている。そして「おかやまJAZZフェスティバル」の運営に今もかかわっている。赤田晃一さんは、サックスの即興演奏でジャンルを超えて活動している。先だって、「絵本のなや」の女性主人、藤本真理子さんと発達障害の子供たちのためのコンサートをおおたか静流さんと山口ともさんの協力を得て開催した。その時も、赤田さんを中心に、黒瀬尚彦さんや大西千夏（チカ）さん、ことはやこさんたちが即興的パフォーマンスでコンサートをサポートしてくれた。大西さんはキーボードの弾き語りで、演劇的要素も含んだ個性的なパフォーマーだ。福島から避難された家族で、蝦名宇摩さんという女性の三味線の名手がいらっしゃる。太鼓の乙倉俊さんとの共演は、日本人のネイティブな心に響く演奏を聴かせてくれる。

岡山で、様々な人が様々な形で、今でも音楽にかかわっておられる。私も色々な音楽を体験して応援していきたいが、いかんせん時間とお金にも限りがあるので、出合ったジャズや音楽を大切に聴いていこうと思っている。限りある時間と空間の中で、産まれ育って、出合った事象と人間関係で人生が作られてゆく。60歳を過ぎると、もう若い頃みたいにたくさんの経験と出合いを望むわけにもいかない。体力的にも精神的にも老いを感じざるを得ない日常がある。何時、人生のゴールを踏むとも判らない歳になったのだ。

整理整頓が付かないまま積み上げられた記憶の時間と想い出の品々を、発表する機会を与えて下さった古川さんを始めとする多くの方々に感謝しながら、この本の最後のページにしたいと思います。「平井さんが、ボケないうちに書き残したほうが良いよ」と言って下さった方々に、心より感謝、「誠にありがとうございます」。
渡辺淳一先生を始め、店を閉めてからたくさんの人にお世話になりました。飛岡宏先生、渡邉清一郎先生、越宗研作先生、落弘康さん、竹本洋朗さん、高原勇喜さん、矢内宏幸さん、株丹浩二さん、五藤恵次さん、角堂りえさん、岡村智子さん等、皆さん、ありがとうございました。

昔ある人に言われた。「平井さんは〈一白水星〉で、水のような運気をもっている」そうな。低い処へ低い処へと水のように流されてゆくのだ。しかし、それはいつしか川となって、大海へと流れいずる。「いのち」のみなもとへと、音楽とともに流れ出たのかも知れない。

私の人生の中で時間と空間と心象風景を共有してきて、今は別の時空に逝った人たちに、この本を捧げます。
乗金健郎さん、矢杉直彦さん、岡崎直樹さん、平松隆司さん、植月学さん、野田悟朗さん、東谷孝志さん、長友貴郎さん、内田一敏さん、高須謙二さん、守屋勝弘さん、安田正彦さん、岡本充泰さん、藤原憲一さん、山田俊哉さん、林三従さん、田辺忠夫さん、内田晃弘さん等。

それから、岡山に縁のあった内田修先生、副島輝人さん、西陰嘉樹さん、中村邦雄さん、菊地雅章さん、古澤良治郎さん、ジミー・スコットさん、マーク・マーフィーさん、ピエール・バルーさん、エルビン・ジョーンズさん、ハンク・ジョーンズさん、フィル・ウッズさん、デューク・ジョーダンさん、ジム・ホールさん、ホッド・オブライエンさん、トム・コラさん、トーマス・チェイピンさん、ポール・モチアンさん、金大煥さん、程農化さん、若松孝二さん、西岡恭蔵さん、峰純子さん等。

そしてなによりも、父と母にこの本を捧げます。

JORDANで本の編集会議。左から古川、田中、平井、菅野

【著者プロフィル】

平井康嗣 Yasushi Hirai

１９５４年11月9日　岡山に生まれる。

学生時代にジャズ喫茶「シャイン」でアルバイトを始め、オーナーの乗金健郎氏の紹介でジャズ、ロック、ソウルを中心とするレコードショップ「ＬＰコーナー岡山支店」店長となる。同時にジャズフォーラム岡山、岡山フリー・インプロヴィゼイション・クラブ、表町生活向上委員会等の団体を立ち上げ、数多くの国内外のミュージシャンを岡山に招聘する。１９８９年の岡山県営グラウンド（運動公園）での「音楽三昧公園まつり」を皮切りに、音楽の原点に立ち返る石門別神社での「いわとわけ音楽祭」、２００２年からスタートした「おかやまJAZZフェスティバル」と、音楽による岡山の地域おこしの市民運動にも尽力した。

今は引退して岡山出身のミュージシャンたち、コジマサナエ、橋爪亮督、及部恭子、鳥越啓介、Mika（森美佳）などを応援するかたわら、様々な音楽を一音楽ファンとして純粋に楽しんでいる。

© ユカゾウ

101匹目のジャズ猿　yambow平井の岡山ジャズ回想録

2017年4月30日　発行

著者　平井康嗣

発行　平井康嗣回想録刊行委員会
〒700-0822 岡山市北区表町2丁目5-23
電話 086-237-2012（ジャズ喫茶JORDAN）

発売　吉備人出版
〒700-0823 岡山市北区丸の内2丁目11-22
電話 086-235-3456
ファクス 086-234-3210
WEBサイト http://www.kibito.co.jp
Eメール books@kibito.co.jp

印刷　株式会社 三門印刷所

製本　株式会社 岡山みどり製本

ISBN978-4-86069-506-4 C0095